Jean-Claude Heudin

Comprendre le
DEEP LEARNING

Une introduction aux réseaux de neurones

Une introduction aux réseaux de neurones

© Science-eBook, Octobre 2016
Seconde édition : Décembre 2016
Troisième édition : Février 2019
http://www.science-ebook.com
ISBN 979-10-91245-44-9

Une introduction aux réseaux de neurones

Table

Épigraphe   9
Introduction   11

Chapitre 1 – Prédicteurs et classifieurs   15

Un prédicteur simple   15
Entraîner un prédicteur linéaire   17
Résumé d'étape   20
Un classifieur simple   21
Entraîner un classifieur linéaire   23
Les étapes de l'apprentissage   28
Modérer l'apprentissage   30
Résumé d'étape   33
Vers des classifieurs non linéaires   34
Résumé d'étape   39
Références   39

Chapitre 2 – Les réseaux de neurones   41

Un opérateur non linéaire   41
Le neurone formel   42
Le binaire c'est bien, le numérique c'est mieux   47
Résumé d'étape   50
Un premier réseau de neurones formels   51
La propagation des données   53
Résumé d'étape   56
Le calcul matriciel peut nous aider   56
Un exemple de réseau à trois couches   61

Résumé d'étape   64
Références   65

Chapitre 3 – L'apprentissage   67

L'apprentissage dans un réseau à couches   67
La rétropropagation de l'erreur   69
Rétropropagation avec plusieurs couches   71
Encore des matrices   73
Résumé d'étape   75
L'ajustement des poids synaptiques   76
Descente dans la vallée de l'erreur   77
Calcul du gradient de l'erreur   81
Exemple de calcul du gradient   83
Résumé d'étape   85
Références   85

Chapitre 4 – Programmer un réseau de neurones   87

Pourquoi JavaScript ?   87
Le problème à résoudre   89
Création et initialisation du réseau   90
La propagation des données   94
Test de propagation   98
L'apprentissage   102
Test de la rétropropagation   107
Conclusion de l'expérimentation   113
Résumé d'étape   116
Références   117

Chapitre 5 – L'apprentissage profond   119

Qu'est-ce que le Deep Learning ?   119
Que s'est-il passé ?   120

Extraire des caractéristiques   122
L'importance des données   125
Les progrès de l'apprentissage profond   127
Résumé d'étape   130
Les convolutions   131
Les réseaux convolutifs   133
Résumé d'étape   135
Les applications du Deep Learning   135
Des progrès encore nécessaires   137
Un domaine de recherche foisonnant   139
Les secrets d'AlphaGo   141
Vers un cerveau artificiel ?   146
Résumé d'étape   147
Références   148

Chapitre 6 – Le Deep Learning en pratique   149

La librairie ConvNet.js   149
Les classes de ConvNet.js   150
Les couches d'entrée   153
Les couches totalement connectées   153
Les couches de sortie   156
Les couches de convolution   157
Les entraîneurs   159
Un exemple simple de régression   162
Un exemple simple de classification   165
Un exemple de réseau convolutif profond   168
Pour aller plus loin   172
Pour aller encore plus loin   173
Références   174

Annexe 1 – Page SimpleNet.html version 1   175
Annexe 2 – Page SimpleNet.html version 2   179

« *Permettez-moi de l'exprimer de cette manière, M. Armor.
La série des ordinateurs 9000 est la plus fiable jamais conçue.
Aucun ordinateur de la série 9000 n'a jamais fait d'erreur ou déformé
une information. Nous sommes tous, quelle que soit la définition de ces
termes, infaillibles et incapables de faire une erreur.* »

HAL 9000
2001, l'Odyssée de l'espace
Arthur C. Clarke, Stanley Kubrick, 1968.

Une introduction aux réseaux de neurones

Introduction

Après des résultats spectaculaires, comme la victoire d'*AlphaGo* sur le meilleur joueur mondial de Go, le *Deep Learning* suscite autant d'intérêts que d'interrogations, voire parfois la résurgence de vieux fantasmes de malédiction prométhéenne.

Inspiré au départ par une métaphore biologique, celle des neurones du cerveau, le domaine des réseaux de neurones est devenu ces dernières années l'un des principaux axes de recherche de l'intelligence artificielle (IA). Quel que soit le secteur d'activité, pas un seul en effet ne semble pouvoir échapper aux développements d'applications mettant en œuvre des réseaux de neurones profonds.

Quels sont les principes des réseaux de neurones ? Comment fonctionnent-ils ? Quand et pourquoi les utiliser ? Sont-ils simples à mettre en œuvre ? Qu'est-ce que l'on entend réellement par *Deep Learning* ?

Autant de questions qui trouveront des réponses avec la lecture de ce livre. Son objectif est donc très ambitieux : il s'agit de comprendre les réseaux de neurones et le *Deep Learning* par la pratique. En pratiquant par soi-même, il est en effet plus simple d'assimiler les principes, les applications et les enjeux de ces technologies, tout en évacuant les idées reçues.

Loin d'un long discours théorique, truffé d'équations mathématiques incompréhensibles à une majorité de lecteurs, ce livre propose les explications les plus simples, abordables par le plus grand nombre, dans un style direct et richement illustré, avec une mise en pratique au travers d'exemples.

Cela ne veut par pour autant dire que les principes aient été simplifiés à outrance ou caricaturés. Les étapes pédagogiques sont progressives et elles aboutissent à la fin de l'ouvrage, à un niveau de compréhension qui permet au lecteur d'expérimenter par lui-même et de développer potentiellement des applications.

À la fin de chaque étape, un résumé rappelle les points importants. Quelques articles de référence, les plus significatifs, sont également cités pour ceux qui souhaitent accéder aux sources.

Malgré son ambition, ce livre ne cherche pas à établir un état de l'art exhaustif de la recherche sur les réseaux de neurones. Il n'aborde pas la totalité des modèles et des techniques de ce domaine en pleine expansion. Ceci serait d'ailleurs une tâche colossale. Ainsi, par exemple, les réseaux récurrents ou bien encore l'apprentissage par renforcement n'y sont pas étudiés. Cet ouvrage se concentre sur l'essentiel pour aboutir à son objectif pédagogique : celui de comprendre.

Il s'adresse donc aux étudiants et aux chercheurs non spécialistes qui souhaitent s'initier aux réseaux de neurones profonds et à leurs applications potentielles. Il s'adresse également à toute personne qui souhaite y voir plus clair et cerner les véritables enjeux du *Deep Learning*, loin des interprétations erronées ou fantasmatiques que l'on peut lire parfois.

Le livre est organisé en six chapitres. Le premier chapitre initie aux principes des prédicteurs et des classifieurs sur des exemples simples. Le second chapitre introduit la notion de neurone formel et l'architecture d'un réseau de neurones à couches. Le troisième chapitre explique comment il est possible d'entraîner un tel réseau à partir d'exemples. Le quatrième chapitre propose de programmer pas à pas un réseau de quelques neurones et de l'entraîner, afin de comprendre son fonctionnement. Le cinquième chapitre introduit les principales notions nécessaires à la compréhension des réseaux profonds et de leurs méthodes d'apprentissage. Le sixième et dernier chapitre consiste en une mise en pratique des réseaux profonds au travers d'exemples de plusieurs réseaux multicouches.

Pour comprendre et pratiquer le *Deep Learning*, nul besoin ici d'un fort niveau en mathématiques ou en programmation. Les principes de calcul sont réduits à des opérations simples et les exemples sont accessibles avec un niveau de programmation de débutant. Le langage qui sert de support aux exemples est *JavaScript* : un langage simple et répandu qui permet de pratiquer sans la nécessité d'autres ressources qu'un simple navigateur web.

Je suis certain que vous êtes impatients de commencer...

Alors, allons-y !

1

Prédicteurs et classifieurs

Un prédicteur simple

Imaginons une machine à laquelle on peut poser une question et qui, après un certain temps de réflexion, donne une réponse.

On pense évidemment immédiatement à un ordinateur. Mais nous le savons tous, un ordinateur ne « pense » pas, du moins pas au même sens que nous l'entendons pour un être humain. Dans la terminologie informatique, nous dirions plutôt que l'on présente des données à l'entrée et, qu'après un processus de calcul plus ou moins long, on obtient des données en sortie de la machine.

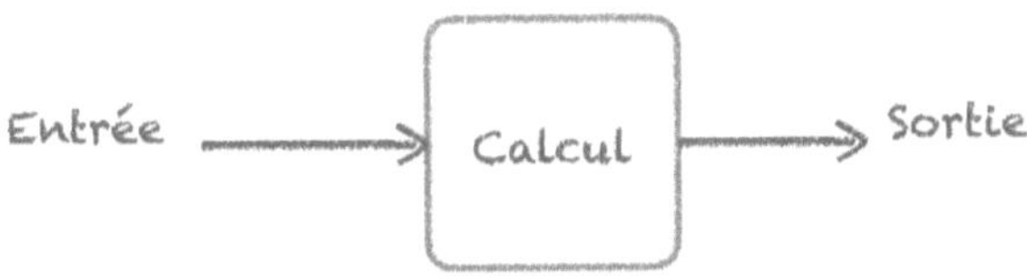

Fig. 1. Notre machine dispose d'une entrée et calcule un résultat en sortie.

Prenons un exemple très simple avec une machine qui convertit des Euros (€) en Dollars ($). Comme une majorité de personnes, nous ne connaissons pas le cours exact des devises au jour le jour. Par conséquent, nous ne disposons pas *a priori* du taux de change. Prenons l'hypothèse, certes saugrenue, que nous ne puissions pas obtenir cette information. Il va donc falloir trouver une solution à cet épineux problème.

Fig. 2. Comment concevoir une machine qui fasse la conversion en ne connaissant pas le processus de calcul ?

Tout ce que nous savons, c'est que la relation est très probablement *linéaire*. Autrement dit, cela signifie que si nous avons deux fois plus d'Euros, alors nous aurons deux fois plus de Dollars.

La relation qui permet de calculer une somme en Dollars à partir d'une somme en Euros est donc quelque chose de la forme :

$$Dollars = C\,Euros$$

C est une constante qui représente le taux de change, c'est-à-dire la proportion d'Euros qui correspond à la valeur d'un dollar.

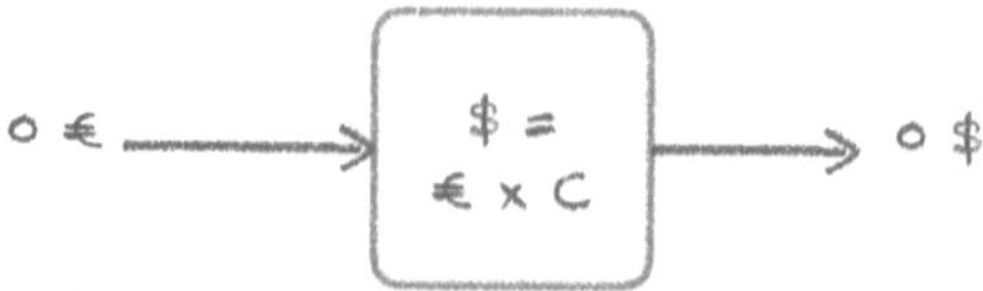

Fig. 3. Le calcul de conversion est très probablement une relation linéaire qui relie la valeur en Euros à la valeur en Dollars.

Entraîner un prédicteur linéaire

Pour trouver une valeur correcte du coefficient C qui va permettre d'obtenir une bonne approximation de la valeur en sortie, il nous faut des données complémentaires. Heureusement, nous arrivons à trouver des informations qui concernent deux cas particuliers de conversion déjà calculés et vérifiés :

- 0 € est équivalent à 0 $,
- 12,38 € est équivalent à 13,81 $.

Nous pourrions à ce stade obtenir facilement le taux de change en effectuant le rapport des deux valeurs du deuxième cas, mais imaginons que cette solution ne nous vient pas à l'esprit.

Nous décidons finalement de choisir une valeur au hasard pour C : 1,5 par exemple. Notre machine est alors capable de faire des conversions. Nous essayons donc sur les données que nous connaissons déjà pour vérifier son fonctionnement :

- 0 € donne 0 $: ce qui est juste,
- 12,38 € donne... 18,57 $: ce qui est faux.

En effet, nous savons que la bonne valeur est 13,81. La machine s'est donc trompée de 4,76 en trop. Cette différence entre la valeur obtenue et la valeur souhaitée est appelée l'*erreur*.

Que faire alors ?

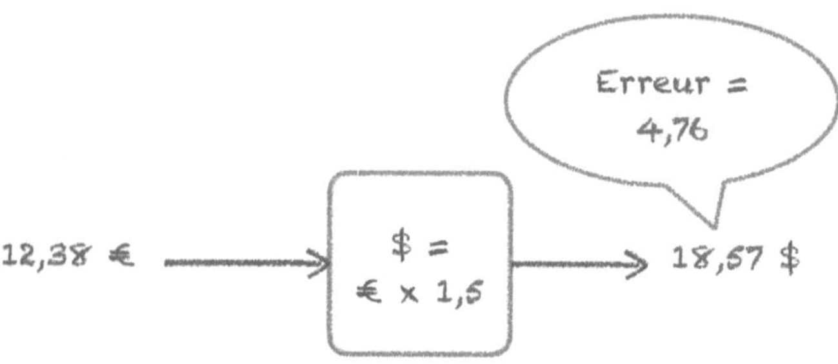

Fig. 4. On choisit une valeur arbitraire pour le paramètre et on regarde le résultat sur une donnée connue pour mesurer l'écart avec la sortie souhaitée.

Puisque l'erreur est en trop, réduisons un peu notre paramètre C, disons de 0,1 par exemple, puis regardons ce que cela donne sur les réponses :

- 0 € donne toujours 0 $: ouf !
- 12,38 € donne à présent 17,33 $.

Ce n'est toujours pas la bonne valeur, mais l'écart s'est réduit puisque l'erreur est maintenant de 3,52 au lieu de 4,76. Nous sommes donc sur la bonne voie.

Fort de cette avancée, nous appliquons le même principe en réduisant le paramètre C à nouveau de 0,1. Cette fois-ci, nous obtenons :

- 0 € donne toujours 0 $,
- 12,38 € donne maintenant 16,09 $.

L'erreur diminue encore pour devenir 2,28. À ce stade, nous décidons de poursuivre le processus plusieurs fois de suite. En l'appliquant encore deux fois, nous obtenons un paramètre C ayant pour valeur 1,1.

La machine donne alors les résultats suivants :

- 0 € donne toujours 0 $,
- 12,38 € donne 13,62 $!

L'erreur n'est plus alors que de 0,19, ce qui est plus satisfaisant.

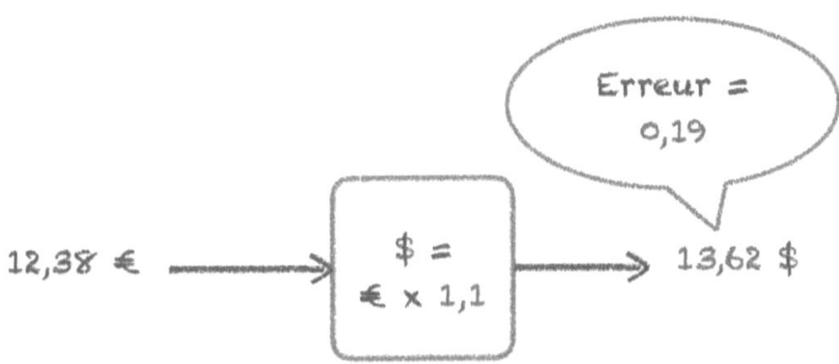

Fig. 5. L'adaptation progressive du paramètre C permet de réduire l'erreur sur les données connues.

Continuons le processus une fois de plus, on ne sait jamais... On obtient alors un coefficient C de 1 tout rond, ce qui donne :

- 0 € donne toujours 0 $,
- 12,38 € donne 12,38 $.

L'erreur ne diminue plus mais, au contraire, elle augmente. La différence est maintenant de 1,43 en moins. Nous sommes donc allés trop loin.

En reprenant la valeur de C donnant l'erreur minimum obtenue, nous pouvons à présent utiliser la machine pour convertir n'importe quel montant avec une erreur estimée à un peu plus de 1 %.

Pour des petites sommes, cette erreur est acceptable. Toutefois, pour des montants plus importants, il faudrait encore réduire cet écart. Pour cela, il nous suffirait de reproduire le même processus, mais cette fois-ci avec des pas de calcul plus petits, dix fois plus petits par exemple. Ainsi, au lieu de réduire de 0,1 le coefficient à chaque étape, nous pourrions alors procéder avec des variations de 0,01. Le résultat final de notre machine donnerait alors une bien meilleure précision.

On appelle ce type de machine un *prédicteur*. Son objectif est de « prédire » une valeur de sortie lorsqu'on lui donne en entrée des données pour un processus dont on ne connaît pas le modèle. On appelle également ce type de calcul une *régression*.

Résumé d'étape

- Un prédicteur est une machine capable d'approximer un processus dont on ne connaît pas *a priori* le modèle. Le calcul de la sortie en fonction des données présentées en entrée est appelé une régression.

- Le comportement du processus est approximé grâce à un modèle qui comprend un ensemble de paramètres ajustables.

- Une bonne approche pour ajuster les paramètres est de les modifier progressivement de façon à minimiser l'erreur que le prédicteur produit lorsqu'on lui présente des données dont on connaît la sortie correspondante.

Un classifieur simple

La machine que nous avons étudiée « prédit » une valeur avec une certaine marge d'erreur. Nous allons voir à présent qu'elle n'est pas très éloignée d'un *classifieur*, c'est-à-dire une machine qui classe les données qu'on lui présente en plusieurs catégories.

Prenons un problème « jouet » qui consiste à différencier les girafes des éléphants. Les girafes sont grandes avec un très long cou. Les éléphants sont massifs et imposants. Par conséquent, il doit être possible de les différencier aisément en utilisant deux valeurs caractéristiques : la longueur du cou et le poids de l'animal.

Fig. 6. La représentation du problème de classement des girafes et des éléphants sur un graphe à deux dimensions.

Dans la machine précédente, nous avons utilisé une fonction linéaire qui convertit des Euros en Dollars ajustable à l'aide d'un paramètre. Dans notre nouveau problème, une telle fonction n'est pas très utile. Toutefois, une fonction du même type correspond à une ligne sur un graphe et son paramètre à sa pente. Traçons là sur un graphe en deux dimensions (cf. figure 7).

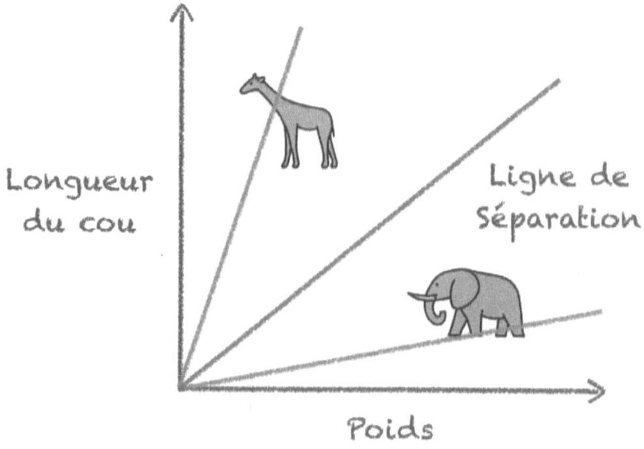

Fig. 7. Une ligne bien située permettrait de séparer les girafes des éléphants.

En modifiant la pente de la ligne, il doit donc être possible de s'en servir comme d'un filtre pour séparer les girafes des éléphants. Si l'angle est trop petit ou bien trop grand, la ligne tracée n'a aucune utilité. Par contre, avec un angle judicieusement choisi, les girafes se trouvent séparées des éléphants.

En plaçant à présent un animal *a priori* inconnu sur la courbe en fonction de la longueur de son coup et de son poids, la ligne permet donc de déterminer s'il s'agit plutôt d'une girafe ou plutôt d'un éléphant.

Entraîner un classifieur linéaire

Voyons à présent, comment il est possible d'ajuster la pente de la ligne de façon à faire fonctionner correctement le classifieur. Plutôt que le développement d'une théorie compliquée, commençons par quelques essais pratiques. Comme pour le prédicteur, il nous faut des exemples de données fiables. Heureusement, nous connaissons les mensurations d'une des girafes et d'un des éléphants :

- L'éléphant a un cou de 1 mètre et pèse 3 tonnes,
- La girafe a un cou de 3 mètres et pèse 1 tonne.

Ces informations sont jugées vraies et forment, ce qu'il convient d'appeler, les *données d'apprentissage*.

L'équation la plus simple pour une ligne est de la même forme que celle utilisée pour le prédicteur :

$$y = A\,x$$

où A est le paramètre d'ajustement.

Nous utilisons ici x et y pour formaliser l'équation de la ligne de séparation. La variable x correspond au poids de l'animal et y à la longueur de son cou. Afin de garder le raisonnement le plus simple possible, nous gardons la forme la plus élémentaire d'une droite et non la formule générale : $y = A\,x + B$. Cela signifie simplement, dans notre exemple, que la ligne passera forcément par l'origine du graphe, c'est-à-dire par le point $x = 0$ et $y = 0$.

En débutant avec une valeur arbitraire, par exemple

$A = 0{,}25$, il est facile de se rendre compte que le classifieur n'est pas très efficace, et ceci sans avoir besoin de faire le moindre calcul (cf. figure 8).

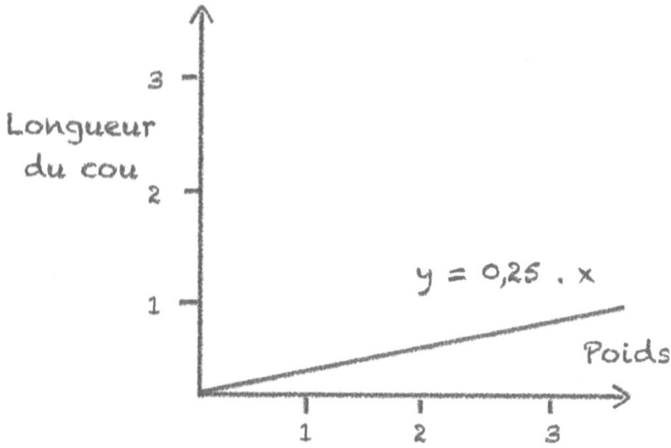

Fig. 8. Avec un coefficient arbitraire de 0,25, le classifieur ne permet pas de classer correctement les girafes des éléphants.

Intuitivement, l'idée est de faire comme dans notre prédicteur monétaire en modifiant progressivement le paramètre de pente de la ligne jusqu'à obtenir un résultat satisfaisant. Toutefois, après la réussite de notre prédicteur, nous nous posons à présent la question de savoir s'il est possible de calculer la modification à appliquer, plutôt que de choisir arbitrairement une valeur.

Regardons le premier exemple de données d'apprentissage. Il s'agit de l'éléphant qui pèse 3 tonnes et dont le cou mesure 1 mètre. Nous allons devoir utiliser un peu d'algèbre. Mais, rassurez-vous, celle-ci est élémentaire et, avec un peu d'attention, c'est à la portée de tous.

24

L'équation pour l'éléphant, donne numériquement :

$$y = A\, x$$

$$y = 0{,}25 * 3 = 0{,}75$$

Or, nous savons d'après notre exemple que ce n'est pas le bon résultat, puisque le cou de l'éléphant ne mesure pas 0,75 mètre mais 1 mètre. Il y a donc une erreur qui correspond à la différence entre la vraie valeur et le résultat que nous avons obtenu :

$$\textit{Erreur} = \textit{valeur souhaitée - valeur obtenue}$$

$$\textit{Erreur} = 1 - 0{,}75 = 0{,}25$$

C'est bien, mais en fait, nous ne voulons pas tout à fait cela… En effet, l'exemple que nous avons utilisé est celui d'un éléphant particulier, mais nous voulons plutôt que la ligne sépare tous les éléphants de toutes les girafes. C'est donc sur ce point assez différent d'un prédicteur qui donnerait la longueur du cou en fonction du poids, ce qui ne sert à pas grand-chose dans cette application de classification.

Nous ne voulons donc pas le y de l'équation, mais une autre valeur qui permettrait de séparer efficacement les deux catégories d'animaux. Appelons cette valeur z et donnons-lui une valeur arbitraire supérieure, par exemple $z = 1{,}1$.

Pour ajuster correctement la valeur du paramètre A afin d'obtenir un z correct, il faut faire varier sa valeur par petites quantités que nous appellerons dA, d pour *delta*, ce qui signifie « une petite portion de la valeur ». On a donc (cf. figure 9) :

$$z = (A + dA)\, x$$

Nous avons vu que l'erreur e que commet le classifieur est égale à la différence entre la valeur souhaitée et la valeur obtenue :

$$e = z - y$$

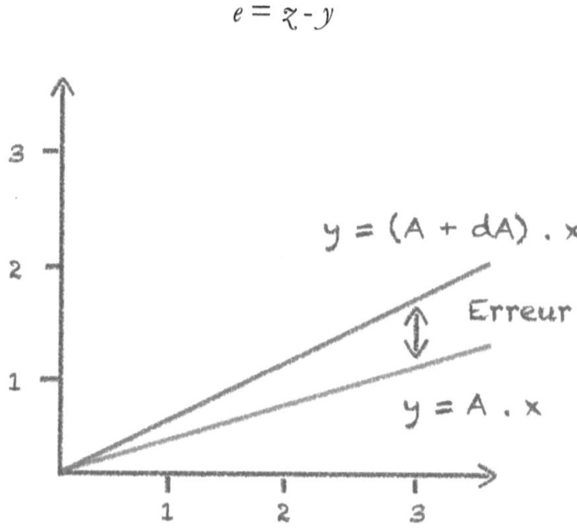

Fig. 9. Ajustement de la pente en fonction de l'erreur.

Dans cette expression, on remplace alors z et y par leur valeur respective :

$$e = (A + dA)\, x - A\, x$$

Puis on développe en multipliant x sur chaque terme dans la parenthèse :

$$e = A\, x + dA\, x - A\, x$$

On simplifie enfin l'expression, car les termes en $A\,x$ s'annulent. On obtient finalement :

$$e = dA\,x$$

L'erreur que commet le classifieur est donc corrélée très simplement au paramètre dA, c'est-à-dire les petites variations de A pour ajuster le classifieur. Ce résultat est important, car il va nous permettre de calculer la correction à apporter au lieu de choisir une valeur arbitraire. En effet, pour obtenir dA, il suffit de l'exprimer à partir de la formule que nous venons de trouver :

$$dA = e\,/\,x$$

La correction dA est donc égale à l'erreur obtenue divisée par la valeur d'entrée !

Voyons à présent ce que cela donne sur notre exemple. La valeur souhaitée est $z = 1,1$ et la valeur réelle de notre exemple d'éléphant est $y = 0,75$. L'erreur est donc numériquement :

$$e = z - y$$

$$e = 1,1 - 0,75 = 0,35$$

Notre éléphant pèse $x = 3$ tonnes. On peut donc en déduire facilement maintenant dA :

$$dA = e\,/\,x$$

$$dA = 0,35\,/\,3 = 0,1166666...$$

On arrondit cette valeur à 0,12. Cela signifie qu'il faut ajuster la valeur de A avec $dA = 0,12$ pour obtenir la valeur souhaitée :

$$z = (A + dA)\, x$$

$$z = (0,25 + 0,12) * 3 = 1,1$$

Nous avons donc élaboré une méthode simple pour ajuster le paramètre A du classifieur en fonction de l'erreur qu'il commet sur des exemples connus. C'est un résultat très intéressant et simple à appliquer !

Les étapes de l'apprentissage

Maintenant que nous avons une méthode, essayons maintenant de l'appliquer sur le second exemple des données d'apprentissage : la girafe. Celle-ci a un poids $x = 1$ tonne et un cou $y = 3$ mètres. Si nous appliquons le classifieur avec les valeurs que nous avons calculées avec l'éléphant, nous avons :

$$z = (A + dA)\, x$$

$$z = (0,25 + 0,12) * 1 = 0,37$$

Bigre ! Cette valeur est assez éloignée du y de l'exemple d'apprentissage qui vaut 3. Pas de panique. Appliquons à nouveau la méthode que nous avons mise au point. Pour obtenir une ligne qui sépare les girafes des éléphants, il faudrait qu'elle passe au-dessous de notre exemple de girafe. Celle-ci a un y de 3. Par conséquent, choisissons une valeur de z cette fois-ci inférieure. Disons 2,9 pour commencer.

L'erreur est alors :

$$e = 2,9 - 0,37 = 2,53$$

C'est une erreur importante. Toutefois, continuons d'appliquer notre méthode et sa formule « magique » :

$$dA = e \ / \ x$$

$$dA = 2,53 \ / \ 1 = 2,53$$

À ce stade, nous pouvons alors mettre à jour le nouveau paramètre A en lui ajoutant la variation dA :

$$A + dA = 0,37 + 2,53 = 2,9$$

Cela correspond donc, pour une valeur de $x = 1$ à 2,9, ce qui est bien la valeur souhaitée.

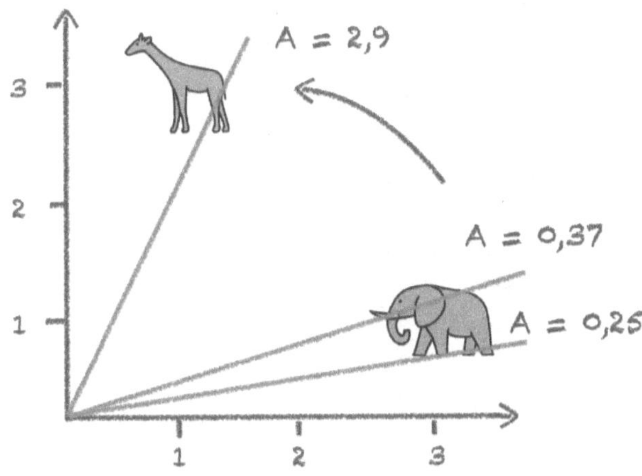

Fig. 10. Les premiers essais ne sont pas convaincants.

La figure 10 illustre les progrès que nous avons réalisés depuis la version initiale, puis en utilisant les deux exemples. Le résultat n'est cependant pas très convaincant. Tout se passe comme si le système n'avait pas appris. La ligne sépare bien la girafe de l'éléphant, mais il n'est pas évident que le classifieur soit fiable pour séparer toutes les girafes et tous les éléphants.

Modérer l'apprentissage

Il semble que nous ayons appliqué des corrections un peu trop brutales, en particulier sur la dernière adaptation. Pour arriver à un résultat plus satisfaisant, il suffirait donc de modérer les variations que nous effectuons pour chaque exemple. Au lieu d'appliquer un dA total, l'idée est d'utiliser une portion réduite de manière à évoluer dans la bonne direction, mais plus doucement.

Notons au passage que cette modération possède un autre effet positif. Si, dans un ensemble de données d'apprentissage, certaines ne sont pas totalement fiables, en contenant des erreurs ou du bruit par exemple, le fait de procéder par étapes plus petites réduit l'impact de ces erreurs ou du bruit sur le résultat final.

Comment modérer les ajustements ? Une solution simple consiste à appliquer un coefficient de modération a au calcul. On obtient donc :

$$dA = a\,(\,e\,/\,x\,)$$

a est aussi appelé le *taux d'apprentissage (learning rate)*.

Choisissons arbitrairement la valeur $a = 0{,}3$. Cela

signifie que nous ne corrigerons à chaque étape, que 30 % de ce que nous aurions appliqué sans aucune modération.

Nous allons donc recommencer le processus depuis le début, mais avec cette nouvelle règle dans notre méthode d'apprentissage.

La valeur initiale du paramètre de notre classifieur était $A = 0,25$. Le premier exemple de données d'apprentissage, l'éléphant, nous donne donc :

$$y = 0,25 * 3 = 0,75$$

Une valeur souhaitée de $z = 1,1$ donne une erreur $e = 0,35$. La valeur de dA initiale peut donc être calculée avec notre nouvelle formule :

$$dA = a\,(\,e\,/\,x\,)$$

$$dA = 0,3 * 0,35 \,/\, 3 = 0,03$$

D'où l'on déduit le nouveau A mis à jour :

$$A + dA = 0,25 + 0,03 = 0,28$$

On peut alors tester le classifieur sur le premier exemple de données d'apprentissage, c'est-à-dire l'éléphant, dont la valeur $x = 3$:

$$y = 0,28 * 3 = 0,84$$

La ligne du classifieur n'est pas terrible, mais ce n'est que la première étape. Utilisons à présent le second exemple de l'ensemble des données d'apprentissage : la girafe. Sa valeur $x = 1$ donne :

$$y = 0{,}28 * 1 = 0{,}28$$

La valeur souhaitée était de 2,9, donc l'erreur est :

$$e = 2{,}9 - 0{,}28 = 2{,}62$$

On calcule alors notre nouveau dA :

$$dA = \text{a} \, (\, e \, / \, x \,)$$

$$dA = 0{,}3 * 2{,}62 \, / \, 1 = 0{,}79$$

Ce qui donne pour le nouveau paramètre A :

$$A + dA = 0{,}28 + 0{,}79 = 1{,}07$$

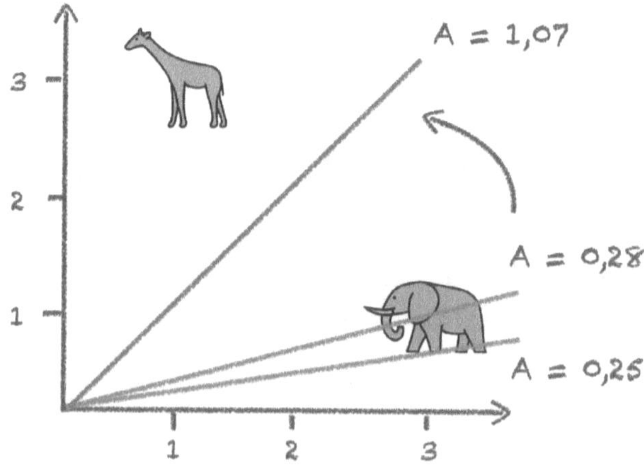

Fig. 11. Le nouveau classifieur obtenu est cette fois-ci capable de séparer correctement les girafes des éléphants.

Voyons ce que nous obtenons visuellement sur la courbe de la figure 11. Ce résultat est bien meilleur ! Nous avons un classifieur linéaire qui peut vraisemblablement différencier toutes les girafes de tous les éléphants.

Certes, le problème des girafes et des éléphants est un exemple « jouet » qui n'a aucun intérêt pratique. Toutefois, il nous a permis d'élaborer une méthode d'apprentissage. En outre, bien que très simplifié, il est assez proche de l'enjeu qui consiste à reconnaître les éléments présents dans une image, par exemple.

Résumé d'étape

- Une fonction linéaire peut servir de prédicteur mais aussi de classifieur pour différencier des éléments appartenant à des catégories différentes lorsque ces catégories sont clairement séparables.

- Nous avons mis au point une méthode itérative, autrement dit un algorithme, pour ajuster le paramètre d'un classifieur linéaire en fonction de l'erreur qu'il commet entre la sortie souhaitée et la sortie obtenue grâce à des exemples : les données d'apprentissage.

- La correction à apporter à chaque étape au paramètre du classifieur peut être calculée simplement en faisant le rapport de l'erreur sur la valeur d'entrée.

- On obtient une meilleure performance en modérant les ajustements par un taux d'apprentissage.

Vers des classifieurs non linéaires

Nous avons résolu notre problème de tri des girafes et des éléphants. Nous avons insisté sur le fait qu'il s'agit d'un problème « jouet » dont l'objectif est d'expliquer la méthode d'apprentissage simplement, sans faire appel à une théorie mathématique compliquée.

Pour des applications plus réalistes, il faut certainement mettre en œuvre des fonctions plus sophistiquées qu'une simple ligne passant par l'origine. Toutefois, avant d'en arriver là, il est utile de se frotter aux opérateurs élémentaires de la logique booléenne. Pourquoi donc vous demandez-vous ?

Il y a plusieurs raisons à cela, mais la plus importante est celle de l'universalité des opérateurs logiques binaires proposés par George Boole (1815-1864) à partir de 1847. En effet, non seulement toutes les machines numériques, y compris les ordinateurs, sont aujourd'hui conçus avec les équivalents électroniques des opérateurs booléens, mais il ne suffit que de trois d'entre eux pour élaborer n'importe quelle fonction logique, quelle que soit sa complexité.

Fig. 12. Un opérateur logique élémentaire possède 2 entrées et une sortie. Il fonctionne uniquement sur des valeurs binaires 0/1 ou faux/vrai.

George Boole cherchait en fait à établir une théorie mathématique permettant d'exprimer la pensée humaine (Boole 1854). Il ne se doutait pas alors que son algèbre binaire servirait de base à l'électronique numérique et la conception des ordinateurs.

Les trois opérateurs élémentaires sont le NON, le ET, et le OU. Les opérateurs logiques ET et OU ont deux entrées et une sortie. Appelons-les A, B et S respectivement. L'opérateur NON ne possède quant à lui qu'une seule entrée et une sortie.

Le comportement de ces trois opérateurs est facilement défini par un tableau qui donne leur sortie S en fonction des entrées A et B (cf. figure 13).

A	B	NON A	A ET B	A OU B
0	0	1	0	0
0	1	1	0	1
1	0	0	0	1
1	1	0	1	1

Fig. 13. La table de vérité des trois opérateurs booléens de base NON, ET, et OU.

Concentrons-nous sur les opérateurs ET et OU, et voyons si l'on peut trouver des classifieurs linéaires, comme celui que nous avons étudié, qui permettraient d'obtenir un résultat équivalent. Ce serait un indice du potentiel de ces classifieurs.

Le ET logique n'a un 1 en sortie que lorsque ses deux entrées sont à 1. Dans tous les autres cas, on obtient un 0.

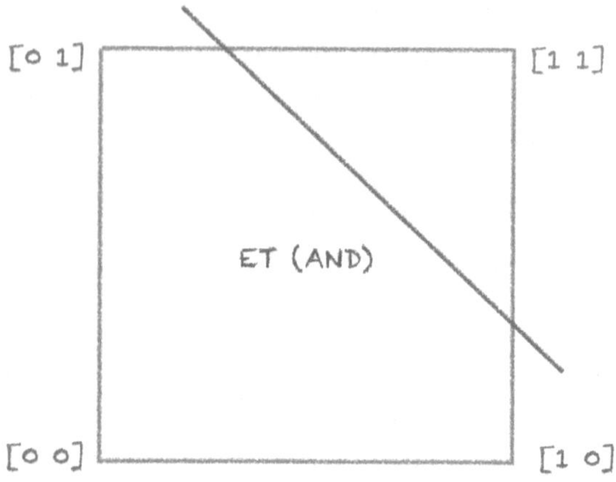

Fig. 14. On peut représenter les différents états des entrées A et B d'un opérateur ET logique sur un graphe en deux dimensions.

Représentons les quatre états sur une courbe avec un axe correspondant à l'entrée A et un second axe pour l'entrée B (cf. figure 14). L'état $A = 0$ et $B = 0$ correspond simplement à l'origine. Les trois autres états se placent alors logiquement aux extrémités du graphe en fonction des valeurs de A et B.

Un classifieur linéaire qui réalise un ET revient simplement alors à tracer une ligne qui sépare l'état $A = 1$ et $B = 1$ des trois autres états possibles.

Peut-on réaliser un classifieur similaire pour le OU ? Le OU logique donne un 1 en sortie si au moins l'une de ses entrées est à 1. C'est donc tout aussi simple, car il suffit de tracer une ligne qui sépare l'origine $A = 0$ et $B = 0$ des autres états.

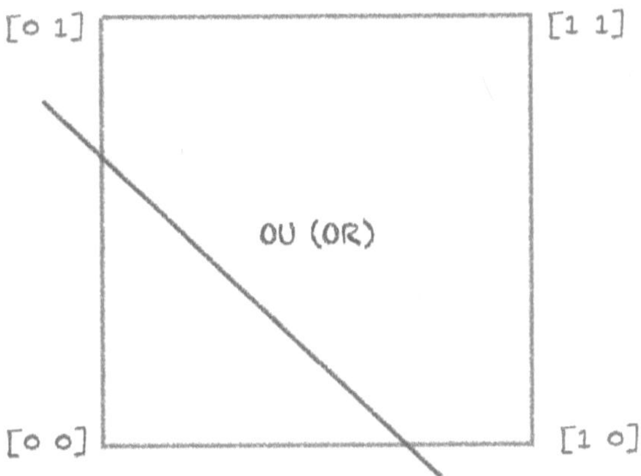

Fig. 15. Le classifieur linéaire pour le OU logique est lui aussi très simple à réaliser, car une droite est suffisante.

Certes ce ne sont pas des droites comme dans notre exemple de classifieur, car elles ne passent pas par l'origine. Néanmoins elles sont du même type, mais avec une constante supplémentaire : $y = A\,x + B$.

On peut en conclure qu'il est possible d'entraîner un classifieur linéaire pour apprendre à se comporter comme un ET ou un OU logique. Ce résultat est intéressant, car il signifie qu'il doit être possible de construire des réseaux de classifieurs de manière à réaliser n'importe quelle machine logique. Ce serait une idée étrange, car il est évidemment beaucoup plus simple d'utiliser les portes logiques booléennes directement. Toutefois, c'est un résultat qui montre le potentiel des classifieurs linéaires.

Voyons à présent un autre opérateur logique aussi simple que le OU et le ET, mais qui va poser quelques difficultés. Il s'agit du « OU Exclusif » que l'on appelle aussi de façon plus courte par son nom en anglais : XOR (*eXclusive OR*). Sa table de vérité est donnée par la figure 16.

A	B	A XOR B
o	o	o
o	1	1
1	o	1
1	1	o

Fig. 16. La table de vérité de l'opérateur logique OU exclusif (XOR). Il donne une valeur 1 en sortie si l'une de ses entrées est à 1, mais pas les deux.

L'opérateur XOR ne donne une sortie à l'état 1 que si l'une de ses deux entrées est à 1, mais pas ensemble. Autrement dit, c'est l'un ou l'autre, mais pas les deux à la fois.

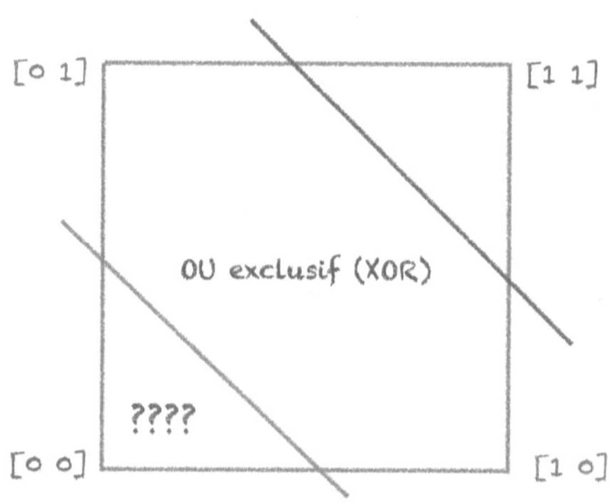

Fig. 17. Il faut nécessairement au moins deux classifieurs linéaires pour réaliser un opérateur logique XOR sur le graphe.

Il ne suffit que de très peu de temps pour se rendre compte qu'il n'est pas possible de séparer les états $A = 0$ et $B = 0$, et $A = 1$ et $B = 1$ par une seule ligne droite. À partir de cette constatation, la solution devient évidente : il faut obligatoirement deux lignes (cf. figure 17). Par conséquent, la réalisation d'un opérateur OU Exclusif nécessite au minimum deux classifieurs linéaires.

Ce résultat est important, car d'une part, il fixe la limite (évidente) des classifieurs linéaires et, d'autre part, il montre qu'il faut être capable de mettre en œuvre plusieurs classifieurs pour réaliser certaines opérations qui ne peuvent se réduire à une simple séparation entre deux zones par une ligne droite.

Résumé d'étape

- Un classifieur linéaire n'est pas suffisant pour séparer des données qui ne sont pas elles-mêmes régies par un processus linéaire. L'exemple le plus simple est l'opérateur booléen « OU Exclusif » (XOR).

- Une solution possible pour contourner cette difficulté consiste à utiliser plusieurs classifieurs.

Références

Boole, G., 1854. *An Investigation of the Laws of Thought On Which Are Founded the Mathematical Theories of Logic and Probabilities*, Londres : Walton & Maberly.

2

Les réseaux de neurones

Un opérateur non linéaire

Nous avons vu que les classifieurs linéaires correspondent géométriquement à des lignes droites, c'est-à-dire à des équations du type $y = A\,x + B$, où A et B sont les paramètres qui fixent la pente et l'origine de la droite. Une première conclusion indique qu'il est possible d'utiliser plusieurs classifieurs linéaires pour réaliser des opérations plus complexes.

Toutefois, il doit être également possible d'utiliser une fonction non-linéaire comme brique élémentaire à la place d'une simple ligne droite. Ceci devrait permettre *a priori* la conception de systèmes potentiellement plus efficaces pour les problèmes plus complexes, qui représentent la grande majorité des applications réalistes. Quel serait alors l'opérateur non linéaire idéal ?

Une première idée est de choisir une fonction booléenne qui permettrait de réaliser n'importe quelle machine logique. Il existe plusieurs solutions à ce problème. Un des opérateurs logiques parmi les plus utilisés en électronique numérique est la porte logique NON-ET, ou NAND en anglais.

Il est possible en effet de démontrer (mais nous ne le

ferons pas ici) que toute fonction booléenne, aussi complexe soit-elle, peut être réalisée par une combinaison de portes NON-ET. Cette porte est donc le composant de base pour concevoir toutes les fonctions nécessaires à la réalisation d'une machine universelle, autrement dit un ordinateur : processeur, mémoire, etc.

A	B	A NON-ET B
0	0	1
0	1	1
1	0	1
1	1	0

Fig. 18. La table de vérité de l'opérateur logique NON-ET (NAND).

À titre d'information, la table de vérité de la porte NON-ET est donnée par la figure 18. Cet opérateur permet d'obtenir un 1 en sortie dès que l'une de ses entrées est à 0.

Le neurone formel

Comme nous l'avons évoqué, utiliser un opérateur logique n'est pas pertinent dans notre problématique. En effet, les portes logiques imposent de connaître la solution pour élaborer une machine. En ce qui nous concerne, nous cherchons plutôt un opérateur élémentaire qui pourrait être progressivement ajusté grâce à la méthode d'apprentissage que nous avons élaboré. Les opérateurs booléens ne possèdent aucun paramètre d'ajustement autre que le nombre d'entrées binaires.

Une autre idée est de s'inspirer directement de la cellule organique qui compose le cerveau humain : le neurone. Si nous trouvons un modèle simple du comportement d'un neurone biologique, alors il doit être possible de construire des réseaux de manière à résoudre des problèmes complexes, comme le fait le cerveau.

Pour ce faire, observons la structure d'un neurone. Il existe en fait un très grand nombre de neurones différents, mais leur organisation générale est à peu près toujours la même. Ils sont composés d'un corps cellulaire qui contient le patrimoine génétique comme toute autre cellule vivante, d'un réseau de dendrites, sortes de filaments par lesquels transitent les signaux électriques, et un autre filament plus long, l'axone.

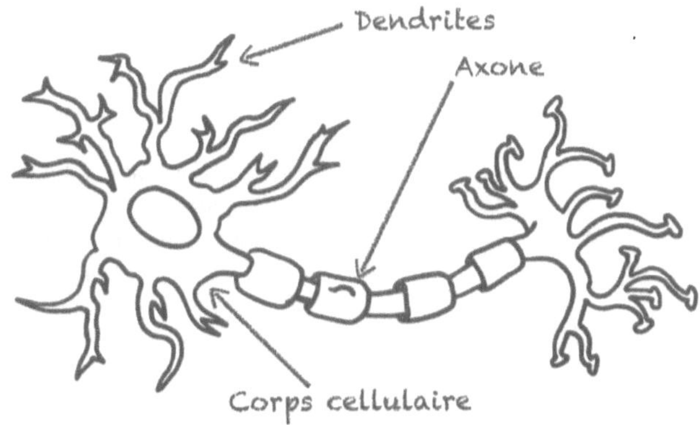

Fig. 19. La morphologie générale d'un neurone organique avec un corps cellulaire comprenant le noyau, le réseau de dendrites, et l'axone véhiculant l'influx nerveux en sortie.

Les études en neurophysiologie ont montré que les dendrites correspondent aux entrées du neurone et l'axone à sa sortie. Le cerveau est ainsi constitué d'un réseau sophistiqué de neurones connectés les uns aux autres par le biais de leurs dendrites et axones.

Notons au passage que cette organisation du système nerveux, central ou périphérique, se retrouve chez tous les animaux, quelle que soit l'espèce. De ce point de vue, elle est universelle (Changeux 1983).

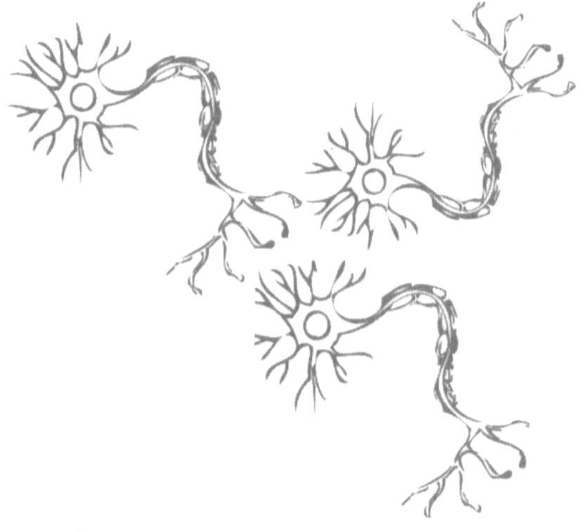

Fig. 20. Les entrées des neurones sont connectées aux sorties d'autres neurones formant ainsi des réseaux. On estime que le cerveau humain comprend 100 milliards de neurones avec une moyenne de 7 000 connexions par neurone.

Le premier modèle convaincant du neurone biologique a été proposé par Warren McCulloch et Walter Pitts en 1943 (McCulloch 1943). En s'appuyant sur les observations et les connaissances de cette époque, ils établirent un modèle binaire simple, mais qui reproduisait le comportement essentiel du neurone biologique : sa capacité à s'activer à partir d'un seuil.

Plus précisément, le neurone calcule la somme

pondérée de ses entrées, puis il compare le résultat à un seuil. Si la somme est supérieure au seuil, alors le neurone s'active et sort la valeur 1, sinon il sort la valeur 0 (cf. figure 21).

La somme pondérée vous inquiète peut-être, mais c'est en fait très simple : chaque entrée à 0 ou 1 est multipliée par un coefficient qui représente en quelque sorte son intensité. Ainsi, si le signal sur l'entrée est 0, alors il reste à 0. Si le signal est à 1, alors la valeur du signal d'entrée devient celle du coefficient. Il suffit alors d'additionner toutes les valeurs obtenues, puis de comparer le résultat à la valeur du seuil.

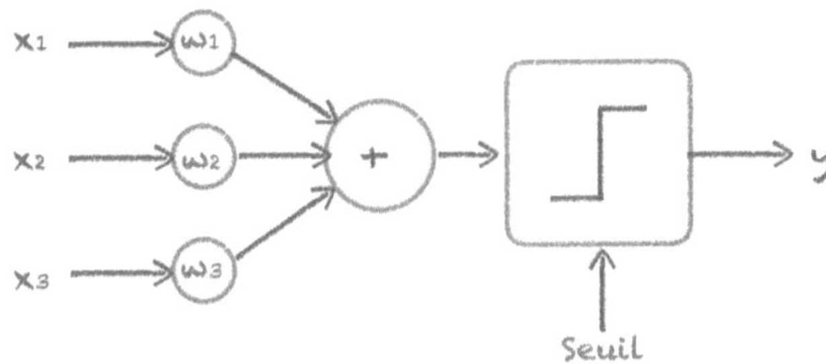

Fig. 21. Le modèle de neurone formel binaire établi par Warren McCulloch et Walter Pitts en 1943.

Un petit exemple numérique va nous permettre de fixer les idées. Imaginons un neurone à trois entrées, dont les coefficients sont respectivement :

$$w_1 = 0{,}5$$
$$w_2 = 1{.}0$$
$$w_3 = 0{,}2$$

Le seuil d'activation du neurone est fixé à 0,5. Nous

lui présentons des signaux sur ses trois entrées, par exemple :

$$x_1 = 1$$
$$x_2 = 0$$
$$x_3 = 1$$

Nous appliquons alors les coefficients puis la somme :

$$s = w_1\,x_1 + w_2\,x_2 + w_3\,x_3$$

$$s = 0{,}5 * 1 + 1.0 * 0 + 0{,}2 * 1 = 0{,}7$$

La valeur 0,7 est supérieure au seuil, c'est-à-dire 0,5, par conséquent le neurone s'active :

$$y = 1$$

C'est très simple !

McCulloch et Pitts étudiaient en fait l'analogie entre le cerveau humain et les ordinateurs. Ils montrèrent qu'un réseau rebouclé constitué des neurones formels de leur invention avait la même capacité théorique de calcul qu'une machine de Turing (Turing 1937).

Dans ce modèle, certes un peu plus compliqué que notre classifieur linéaire du chapitre précédent, mais à peine, on retrouve la structure générale d'un classifieur. Il possède en effet une ou plusieurs entrées x_n, une sortie y, et plusieurs paramètres pour ajuster son comportement. Il s'agit des coefficients w_n que l'on appelle les *poids synaptiques* en référence au neurone biologique, et le *seuil d'activation*.

Le binaire c'est bien, le numérique c'est mieux

Nous avons vu, dans le paragraphe précédent, que la base d'un classifieur non linéaire pouvait être un neurone formel binaire, dont le comportement se résume à une somme pondérée suivie par un seuil.

Il est cependant possible d'améliorer notablement le comportement du neurone formel en passant d'un automate binaire à une fonction permettant le calcul sur des valeurs numériques. Pour quoi faire ?

Il est évident qu'un grand nombre d'applications ne nécessitent pas seulement des sorties binaires 0 ou 1, mais plutôt des valeurs numériques. Ce sera en particulier le cas, lorsque nous souhaiterons que le classifieur calcule une probabilité, c'est-à-dire une valeur entre 0 et 1, à la place d'une simple décision binaire.

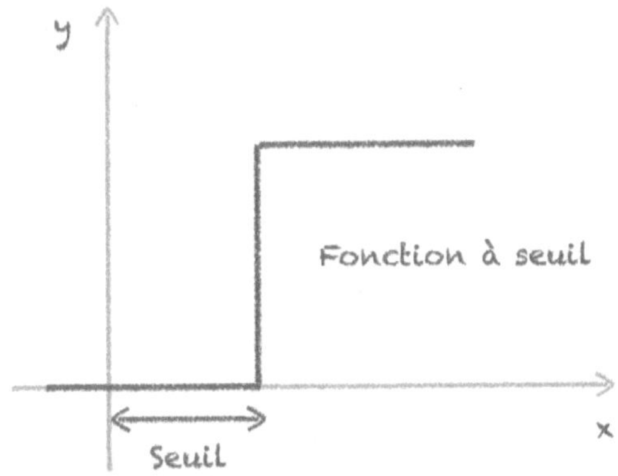

Fig. 22. Une fonction à seuil binaire. En dessous d'une certaine valeur, la valeur de sortie est 0. Au-dessus de cette même valeur, la valeur de sortie passe à 1.

Par conséquent, on peut modifier le principe du neurone formel binaire en choisissant une autre fonction d'activation plus souple qu'un simple seuil. Il en existe beaucoup. Elles peuvent toutes être utilisées pour leurs propriétés spécifiques, mais la plus répandue est la fonction « sigmoïde », appelée aussi parfois la « fonction logistique » ou « courbe en S ».

Pour voir à quoi elle ressemble, traçons tout d'abord l'allure d'une simple fonction à seuil telle que celle employée dans un neurone formel binaire (cf. figure 22). La sortie y donne une valeur 0 tant que l'entrée x est inférieure au seuil. Dès que la valeur de x dépasse le seuil, alors la sortie passe brutalement à 1.

Une fonction sigmoïde a globalement la même forme que la fonction à seuil, mais les changements de valeur entre 0 et 1 sont plus progressifs (cf. figure 23). La courbe est plus douce et moins abrupte.

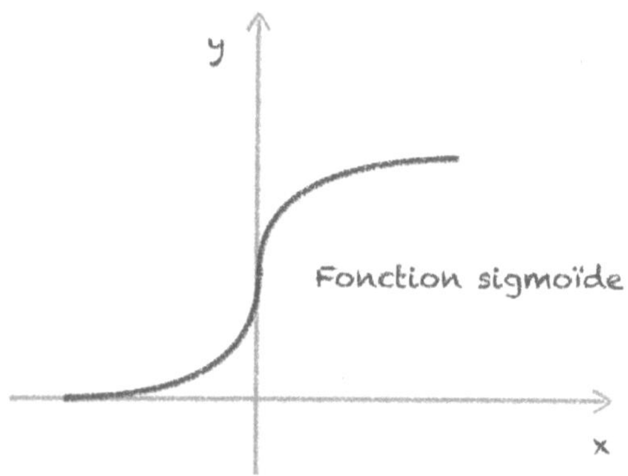

Fig. 23. Une fonction de type sigmoïde est moins abrupte qu'un simple seuil.

L'équation de la fonction sigmoïde est la suivante :

$$y = 1 \, / \, (1 + e^{-x})$$

Oups ! On avait dit que ce serait simple et qu'il n'y aurait besoin d'aucune connaissance mathématique. En fait, cette expression peut faire peur, mais elle est en réalité assez simple à comprendre.

Le symbole e est une constante fréquemment utilisée en mathématique et en physique, qui vaut à peu près 2,71828. À peu près signifie simplement qu'il y a encore ensuite une infinité de chiffres qui permettent, lorsque nécessaire, d'obtenir une meilleure précision dans les calculs. Dans notre cas, quelques décimales suffisent et nous pouvons considérer que, *grosse modo*, e est égal à 2,7 et des poussières.

Dans l'expression de la fonction sigmoïde, la constante e possède un exposant de valeur -*x*, ce qui revient à dire que cette valeur est l'inverse de e à la puissance *x*. Le signe négatif de l'exposant indique donc qu'il faut multiplier l'inverse de e plusieurs fois par lui-même. Ainsi, si $x = 3$, alors :

$$e^{-3} = (1 / e)^3$$

$$e^{-3} = (1 / 2,7) * (1 / 2,7) * (1 / 2,7)$$

À cette valeur, la fonction sigmoïde ajoute 1, puis prend son inverse pour obtenir finalement *y*. Un jeu d'enfant. Notons au passage que si $x = 0$, alors $e^0 = 1$, car un nombre à la puissance 0 vaut toujours 1 quel que soit ce nombre. La fonction sigmoïde donne alors :

$$y = 1 / (1 + 1) = 1/2 = 0,5$$

Cela signifie que la fonction sigmoïde coupe l'axe des *y* à la valeur 0,5. Cela peut paraître à certains un peu compliqué, mais les calculs restent très simples.

Nous pouvons à présent représenter graphiquement notre nouveau neurone formel doté de sa fonction sigmoïde (cf. figure 24). La somme pondérée reste quant à elle inchangée.

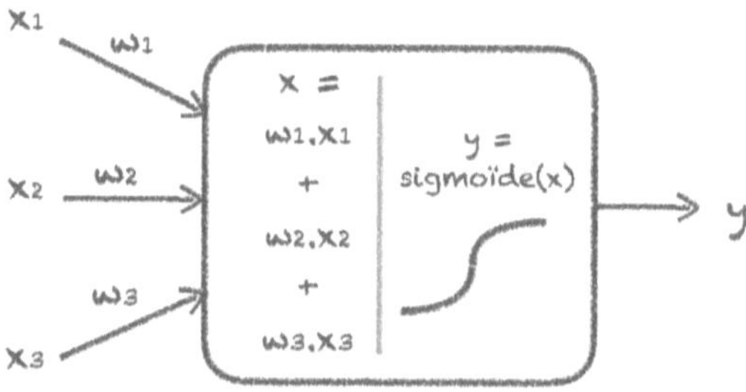

Fig. 24. Le modèle de neurone formel final avec une fonction d'activation sigmoïde.

Résumé d'étape

- Il est possible de concevoir un classifieur avec une fonction non linéaire en s'inspirant des neurones biologiques.

- Le modèle de neurone formel binaire correspond à un automate à seuil qui réalise la somme pondérée de ses entrées. Les coefficients synaptiques et le seuil d'activation permettent d'ajuster son comportement.

- Le neurone formel peut être amélioré en utilisant des valeurs numériques au lieu d'un comportement binaire. Pour ce faire, la fonction à seuil est remplacée par une fonction sigmoïde. Les calculs restent néanmoins élémentaires.

Un premier réseau de neurones formels

Nous avons à présent un neurone formel capable de reproduire certains comportements du neurone biologique. En outre, grâce à ses entrées multiples, qui s'inspirent des dendrites des neurones organiques, il est possible de créer des réseaux arbitrairement complexes de manière à les utiliser pour des applications réalistes.

Toutefois, n'allons pas trop vite et débutons par un réseau élémentaire. Le principe de construction est lui aussi assez simple. Il suffit d'assembler les neurones les uns derrière les autres, en connectant les entrées des uns aux sorties des précédents.

Il est cependant préférable de commencer avec une structure générale régulière plutôt que de vouloir créer un amas de neurones sans réelle structure. Nous savons que l'un des modes d'organisation du cerveau est en couches. Il en existe d'autres, mais commençons par celui-là.

Notre premier réseau est donc constitué de 3 couches de 2 neurones : une couche d'entrée qui reçoit les données initiales, une couche interne et une couche de sortie (cf. figure 25). Par convention, la couche d'entrée ne réalise que la présentation des données à la couche suivante. Les neurones de cette couche ne font donc que propager l'information sans appliquer de calcul.

Entre chaque couche, nous relions les sorties des neurones de la couche précédente à tous les neurones de la couche suivante. Cela semble faire un paquet de connexions, mais comme il n'y a que deux neurones dans chaque couche, cela ne fait que deux connexions d'entrée par neurone.

Ce type de schéma est appelé *complet* ou *totalement connecté*. Il permet de ne pas se soucier d'un schéma particulier, puisque chaque sortie est connectée à toutes les entrées des neurones de la couche suivante. En outre, s'il l'on veut déconnecter une entrée, il suffit de régler le poids synaptique correspondant à 0.

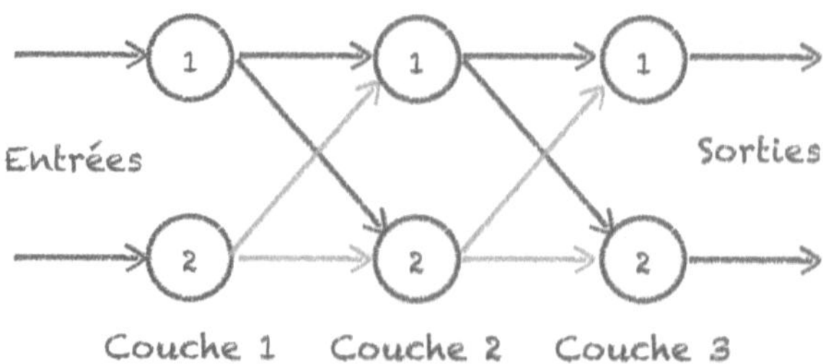

Fig. 25. Un réseau de neurones formels simple à 3 couches de 2 neurones.

Cette architecture de réseau en couches est très proche du premier réseau de neurones mis au point en 1957 par Frank Rosenblatt au laboratoire d'aéronautique de l'université Cornell : le *Perceptron*.

Il s'agit d'un réseau non rebouclé sur lui-même, c'est-à-dire où les données se propagent uniquement des entrées vers les sorties (*feed-forward*). Notons au passage, qu'un perceptron à une seule couche, c'est-à-dire sans couche interne ou cachée, est équivalent à un classifieur linéaire.

Compte tenu du nombre de neurones et de connexions dans le réseau, il faut mettre au point une méthode pour s'y retrouver facilement. Il y a trois couches de neurones : numérotons ces couches de 1 à 3, la couche d'entrée étant la première. Comme il y a deux neurones dans chaque couche, numérotons ces neurones de 1 à 2. Cela revient également à identifier les neurones par colonnes et par rangs, comme dans une matrice.

Pour une connexion entre deux neurones, le paramètre important est le poids ou coefficient synaptique. Appelons-le *w* et ajoutons-lui deux indices : le numéro du neurone de la couche précédente et celui de la couche suivante. Ainsi, par exemple, $w_{2.1}$ correspond au coefficient synaptique d'un neurone qui, entre deux couches, relie la sortie du neurone 2 à l'une des entrées du neurone 1. Si l'on a pris soin comme nous l'avons fait d'identifier les couches, alors le tour est joué.

La propagation des données

L'autre avantage d'une structure régulière est qu'elle va permettre de faciliter les calculs. Voyons à présent comment se calcule la *propagation* des données depuis l'entrée vers la sortie dans le réseau.

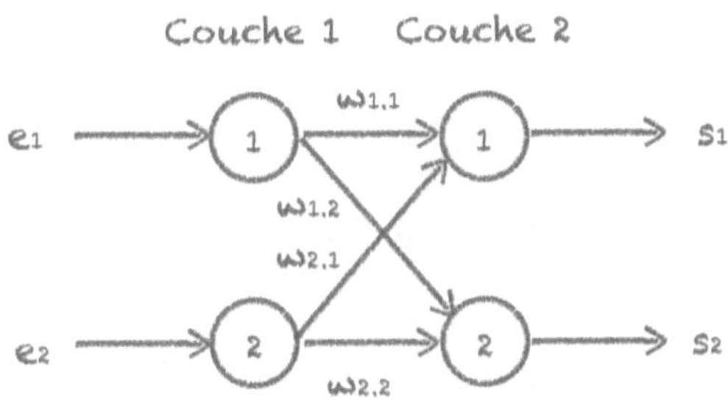

Fig. 26. Un mini-réseau de deux couches de deux neurones.

Ce calcul n'est pas compliqué. Comme nous l'avons vu, il ne fait intervenir que des multiplications et des sommes, puis une division et une puissance pour la fonction sigmoïde. Rien de bien sorcier. Par contre, ce calcul est fastidieux, car il est très répétitif. Le nombre d'opérations à effectuer est en effet proportionnel au nombre de neurones. Par conséquent, comme nous allons le décortiquer à « la main » dans un premier temps, nous allons réduire sa taille de façon à rendre cet exemple plus digeste. Contentons-nous pour l'instant d'un mini-réseau de deux couches de deux neurones (cf. figure 26). Pour un réseau plus grand, le calcul ne serait pas plus compliqué, il serait juste plus long.

Commençons par la première étape : l'initialisation du réseau. Cela consiste à affecter les valeurs de départ aux coefficients synaptiques. Généralement, on ne connaît pas les bonnes valeurs. Par conséquent, on démarre le plus souvent par une initialisation aléatoire. Autrement dit, on choisit des nombres arbitraires entre 0 et 1. Ceci permet de ne pas avoir de biais dans l'initialisation avant d'effectuer l'apprentissage. Dans notre exemple, nous utilisons les valeurs suivantes :

$$w_{1.1} = 0{,}9$$
$$w_{1.2} = 0{,}2$$
$$w_{2.1} = 0{,}3$$
$$w_{2.2} = 0{,}8$$

Ensuite, nous présentons des données aux entrées e_1 et e_2 du réseau, par exemple :

$$e_1 = 1{,}0 \text{ et } e_2 = 0{,}5$$

La première couche étant celle d'entrée, elle ne fait que présenter les données. Le calcul est donc trivial puisqu'il n'y en a pas.

Pour la seconde couche, il suffit ensuite de prendre

chaque neurone un par un, dans l'ordre, par exemple de haut en bas, et d'appliquer les deux étapes de calcul : la somme pondérée des entrées, puis la fonction sigmoïde. Pour le premier neurone de la couche 2, nous avons donc :

$$x_1 = w_{1.1} e_1 + w_{2.1} e_2$$

$$x_1 = 0,9 * 1,0 + 0,3 * 0,5 = 0,9 + 0,15 = 1,05$$

Appliquons ensuite la fonction sigmoïde :

$$y_1 = 1 / (1 + e^{-x_1})$$

$$y_1 = 1 / (1 + 2,7^{-1,05}) = 1 / (1 + 0,3499) = 1 / 1,3499$$

$$y_1 = 0,7408$$

La sortie du premier neurone de la seconde couche est donc égale à 0,7408. Passons maintenant au second neurone :

$$x_2 = w_{1.2} e_1 + w_{2.2} e_2$$

$$x_2 = 0,2 * 1,0 + 0,8 * 0,5 = 0,2 + 0,40 = 0,60$$

$$y_2 = 1 / (1 + e^{-x_2})$$

$$y_2 = 1 / (1 + 2,7^{-0,6}) = 1 / (1 + 0.5488) = 1 / 1.5488$$

$$y_2 = 0.6457$$

Et voilà. Les données en sortie de la seconde couche sont donc :

$$s_1 = 0,7408 \text{ et } s_2 = 0.6457$$

Facile !

Résumé d'étape

- Construire un réseau de neurones formels est simple : il suffit de créer des couches de neurones tous identiques et de relier entièrement les sorties des neurones de la couche précédente aux entrées des neurones de la couche suivante.

- La propagation des données pour obtenir les valeurs en sortie est un calcul simple et itératif, de couche en couche et de neurone en neurone. Il ne fait intervenir aucun calcul compliqué. Par contre, le nombre de calculs nécessaires croît très vite en fonction du nombre de neurones.

Le calcul matriciel peut nous aider

D'accord, le calcul est simple, mais si nous avons une application qui nécessite plusieurs millions de neurones ?

Le problème des réseaux de neurones n'est pas la complexité des calculs, c'est le nombre de calculs. Heureusement, une fois encore, les mathématiques vont nous aider. Pour cela, nous allons utiliser le calcul matriciel.

Vous devez déjà froncer les sourcils et vous préparer à refermer ce livre....

Rassurez-vous ! Les matrices ont certes une mauvaise réputation, mais celle-ci n'est pas justifiée. Une matrice, c'est juste un petit tableau de nombres, rien de plus. Voici un exemple de matrice avec quatre chiffres.

$$\begin{pmatrix} 1 & 2 \\ 3 & 4 \end{pmatrix}$$

Ce n'est juste qu'un regroupement de nombres sous une forme très pratique en lignes et en colonnes. Pourquoi ? Et bien parce que l'on peut faire des opérations sur les matrices comme on le fait avec les nombres classiques. Ainsi, si deux matrices ont le même format, c'est-à-dire le même nombre de lignes et de colonnes, alors on peut les additionner en ajoutant les nombres qui se trouvent aux mêmes emplacements.

La multiplication est un tout petit peu plus compliquée, mais à peine. Prenons deux matrices. Les nombres sont choisis ici pour rendre l'exemple plus lisible.

$$\begin{pmatrix} 1 & 2 \\ 3 & 4 \end{pmatrix} \cdot \begin{pmatrix} 5 & 6 \\ 7 & 8 \end{pmatrix}$$

Le produit de ces deux matrices est une matrice où l'élément à un emplacement donné est obtenu en additionnant les produits des éléments de la ligne correspondante de la première matrice par les éléments de la colonne correspondante de la seconde matrice.

D'accord, vous êtes perdu... Allons-y pas à pas. Pour obtenir le premier résultat, en haut et à gauche, on additionne le produit des nombres de la première ligne de la première matrice, appelons-là A, par ceux de la première colonne de la seconde matrice, appelons celle-ci B. Voici graphiquement ce que cela donne :

$$\begin{pmatrix} 1 & 2 \\ 3 & 4 \end{pmatrix} \cdot \begin{pmatrix} 5 & 6 \\ 7 & 8 \end{pmatrix}$$

$$= \begin{pmatrix} 1\times5 + 2\times7 & 1\times6 + 2\times8 \\ 3\times5 + 4\times7 & 3\times6 + 4\times8 \end{pmatrix}$$

$$= \begin{pmatrix} 19 & 22 \\ 43 & 50 \end{pmatrix}$$

Pour obtenir le second chiffre de la ligne, on répète la même opération mais avec la première ligne de A et la seconde colonne de B :

$$\begin{pmatrix} 1 & 2 \\ 3 & 4 \end{pmatrix} \cdot \begin{pmatrix} 5 & 6 \\ 7 & 8 \end{pmatrix}$$

$$= \begin{pmatrix} 1\times5 + 2\times7 & 1\times6 + 2\times8 \\ 3\times5 + 4\times7 & 3\times6 + 4\times8 \end{pmatrix}$$

$$= \begin{pmatrix} 19 & 22 \\ 43 & 50 \end{pmatrix}$$

Ensuite, pour le premier chiffre de la seconde ligne, on répète une nouvelle fois la même méthode, mais avec cette fois-ci la seconde ligne de A et la première colonne de B :

$$\begin{pmatrix} 1 & 2 \\ 3 & 4 \end{pmatrix} \cdot \begin{pmatrix} 5 & 6 \\ 7 & 8 \end{pmatrix}$$

$$= \begin{pmatrix} 1 \times 5 + 2 \times 7 & 1 \times 6 + 2 \times 8 \\ 3 \times 5 + 4 \times 7 & 3 \times 6 + 4 \times 8 \end{pmatrix}$$

$$= \begin{pmatrix} 19 & 22 \\ 43 & 50 \end{pmatrix}$$

Enfin, pour avoir le dernier chiffre de la matrice résultat, on applique une dernière fois le procédé sur la seconde ligne de A avec la seconde colonne de B :

$$\begin{pmatrix} 1 & 2 \\ 3 & 4 \end{pmatrix} \cdot \begin{pmatrix} 5 & 6 \\ 7 & 8 \end{pmatrix}$$

$$= \begin{pmatrix} 1 \times 5 + 2 \times 7 & 1 \times 6 + 2 \times 8 \\ 3 \times 5 + 4 \times 7 & 3 \times 6 + 4 \times 8 \end{pmatrix}$$

$$= \begin{pmatrix} 19 & 22 \\ 43 & 50 \end{pmatrix}$$

Et voilà. Ce n'est pas très compliqué. Un peu fastidieux certes, mais pas compliqué. Ceci dit, cela ne fonctionne correctement que si le nombre de colonnes de la première matrice est le même que le nombre de lignes de la deuxième matrice, c'est-à-dire lorsqu'elles sont de type compatible. Mais nous avons de la chance, car c'est le cas avec nos couches de neurones.

En quoi le produit matriciel va-t-il nous aider ? Les plus attentifs auront sans doute remarqué que le calcul de la somme pondérée des entrées correspond exactement à un produit matriciel entre la matrice des coefficients synaptiques et celle des valeurs en entrées :

$$\begin{pmatrix} w_{1.1} & w_{2.1} \\ \\ w_{1.2} & w_{2.2} \end{pmatrix} \cdot \begin{pmatrix} e_1 \\ \\ e_2 \end{pmatrix}$$

$$= \begin{pmatrix} e_1 \cdot w_{1.1} + e_2 \cdot w_{2.1} \\ \\ e_1 \cdot w_{1.2} + e_2 \cdot w_{2.2} \end{pmatrix}$$

Génial, non ? La première matrice contient les poids entre les neurones de deux couches. La seconde matrice contient les données issues de la première couche. En multipliant ces deux matrices, on obtient les valeurs juste avant d'appliquer la fonction sigmoïde.

Un autre avantage du calcul matriciel réside dans la concision de sa représentation. En effet, en prenant la convention que les symboles en caractères majuscules sont des matrices et les autres des variables scalaires normales, l'écriture des formules devient triviale. Par exemple :

$$X = W\,E$$

Cette équation très simple est celle du calcul de la somme pondérée que nous venons de voir. X est la matrice des résultats du produit matriciel de la matrice W des poids synaptiques et de celle des entrées E.

Il n'y a plus besoin de longues équations avec des tonnes d'indices. De plus, cette équation reste valide, quel que soit le nombre de neurones, qu'il y en ait 2 par couche ou plus de 1 000 000 !

De même, en définissant la fonction sigmoïde comme nous l'avons fait précédemment, l'expression matricielle est, elle aussi, très simple :

$$Y = \text{sigmoïde}(X)$$

Élémentaire mon cher Watson !

Un exemple de réseau à trois couches

Pour fixer les idées, prenons l'exemple d'un réseau de trois couches à trois neurones par couche (cf. figure 27).

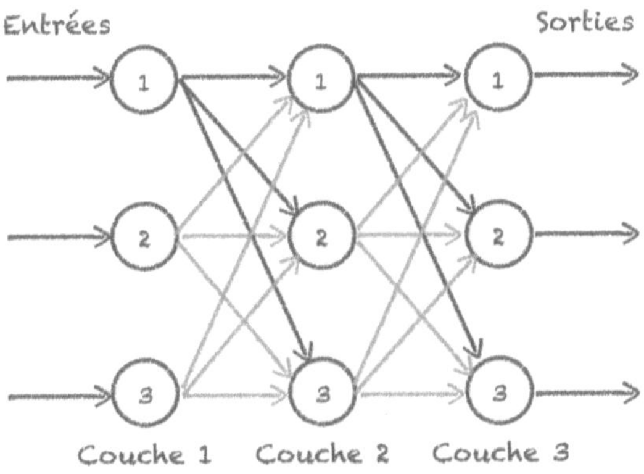

Fig. 27. Un mini-réseau de trois couches de trois neurones.

Comme on peut le voir, le schéma des connexions s'accroît rapidement avec le nombre de couches et le nombre de neurones par couche. Mais, pas d'inquiétude. Comme nous venons de le voir, cela ne change rien aux principes qui restent eux très simples.

Notre réseau comprend donc une première couche, dite d'entrée, qui transfère les données sur la seconde couche, dite cachée. Les signaux provenant de la seconde couche sont ensuite transmis à une troisième et dernière couche, dite de sortie.

Dans un premier temps, initialisons les trois matrices importantes, c'est-à-dire la matrice des données d'entrée E, la matrice des poids synaptiques de la seconde couche W_2 et la matrice des poids synaptiques de la troisième couche W_3 :

$$E = \begin{pmatrix} 0{,}9 \\ 0{,}1 \\ 0{,}8 \end{pmatrix}$$

$$W_2 = \begin{pmatrix} 0{,}9 & 0{,}3 & 0{,}4 \\ 0{,}2 & 0{,}8 & 0{,}2 \\ 0{,}1 & 0{,}5 & 0{,}6 \end{pmatrix} \quad W_3 = \begin{pmatrix} 0{,}3 & 0{,}7 & 0{,}5 \\ 0{,}6 & 0{,}5 & 0{,}2 \\ 0{,}8 & 0{,}1 & 0{,}9 \end{pmatrix}$$

Nous prenons des nombres arbitraires, juste pour servir d'exemple (Rashid 2016). La première opération consiste à calculer la valeur de la somme pondérée X_2 de la seconde couche en multipliant la matrice W_2 par celle des données, soit :

$$X_2 = W_2\, E$$

Ce qui donne :

$$X_2 = \begin{pmatrix} 0,9 & 0,3 & 0,4 \\ 0,2 & 0,8 & 0,2 \\ 0,1 & 0,5 & 0,6 \end{pmatrix} \cdot \begin{pmatrix} 0,9 \\ 0,1 \\ 0,8 \end{pmatrix}$$

$$X_2 = \begin{pmatrix} 1,16 \\ 0,42 \\ 0,62 \end{pmatrix}$$

Ensuite, on applique la fonction sigmoïde pour obtenir la matrice de sortie de la seconde couche :

$$Y_2 = \text{sigmoïde}(X_2)$$

Soit :

$$Y_2 = \begin{pmatrix} 0,761 \\ 0,603 \\ 0,650 \end{pmatrix}$$

On réitère simplement ensuite les deux opérations pour la troisième couche avec comme données d'entrée la sortie de la seconde couche :

$$X_3 = W_3\, Y_2$$

Ce qui donne :

$$X_3 = \begin{pmatrix} 0,3 & 0,7 & 0,5 \\ 0,6 & 0,5 & 0,2 \\ 0,8 & 0,1 & 0,9 \end{pmatrix} \cdot \begin{pmatrix} 0,761 \\ 0,603 \\ 0,650 \end{pmatrix}$$

$$X_3 = \begin{pmatrix} 0,975 \\ 0,888 \\ 1,254 \end{pmatrix}$$

Puis la fonction d'activation :

$$Y_3 = \text{sigmoïde}(X_3)$$

Soit :

$$Y3 = \begin{pmatrix} 0{,}726 \\ 0{,}708 \\ 0{,}778 \end{pmatrix}$$

Au final, le schéma suivant résume la propagation des données dans le réseau (cf. figure 28). La totalité des calculs pour trois couches utilise seulement quatre opérations matricielles.

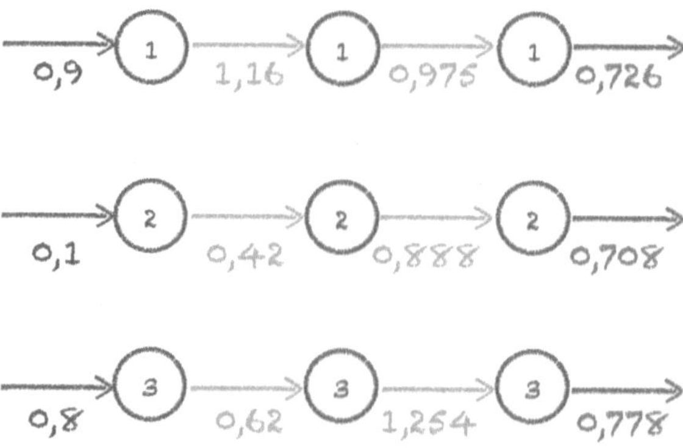

Fig. 28. La propagation des données avec l'exemple chiffré.

Résumé d'étape

- Les matrices permettent de représenter simplement les calculs sur des tableaux de nombres et cela, quelle que soit la taille des tableaux.

- Le produit matriciel est très utile pour les réseaux de neurones, car il réalise la somme pondérée des entrées pour une couche en une seule opération. De même, l'application de la fonction sigmoïde correspond à une unique opération.

Références

Changeux, J-P., 1983. *L'homme neuronal*, Paris : Fayard.

McCulloch, W. S., Pitts, W., 1943. A Logical Calculus of the Ideas Immanent in Nervous Activity, *Bulletin of Mathematical Biophysics*, vol. 5, 115–133.

Rashid, T., 2016. *Make Your Own Neural Network*, CreateSpace.

Rosenblatt, F., 1958. The Perceptron: A Probabilistic Model for Information Storage and Organization in the Brain, *Psychological Review*, vol. 65, n. 6, 386–408.

Turing, A.M., 1937. On Computable Numbers, with an Application to the Entscheidungsproblem, *Proceedings of the London Mathematical Society*, London.

3

L'apprentissage

L'apprentissage dans un réseau à couches

Dans le paragraphe précédent, nous avons vu comment réaliser les calculs de propagation des données dans un réseau de neurones à plusieurs couches, soit sous forme classique, soit sous forme matricielle. Toutefois, il nous reste à voir un point crucial : comment apprendre à ce réseau à reconnaître et classer des données. Pour cela, nous allons procéder par étapes.

Au cours du premier chapitre, nous avons établi une méthode simple pour ajuster un classifieur linéaire. Celle-ci est basée sur un calcul d'erreur entre la sortie souhaitée et la sortie obtenue grâce à des exemples, les données d'apprentissage. En corrigeant par étapes le paramètre du classifieur, nous avons réussi à ajuster son comportement. Puis nous avons constaté que l'on obtenait une meilleure performance en modérant les ajustements par un coefficient appelé le taux d'apprentissage.

Dans le cas d'un réseau de neurones, le principe est le même. Dans un premier temps, on présente les données d'apprentissage, puis on calcule la sortie en propageant les données comme nous venons de le faire dans le chapitre précédent. Une fois chaque sortie y obtenue, on calcule alors l'erreur e en faisant la différence avec la sortie souhaitée s.

L'expression sous forme matricielle est la même que celle d'un neurone et correspond à une simple soustraction de matrices :

$$Es = S - Y$$

À partir de cette matrice d'erreur, il devient possible de corriger les paramètres du réseau, c'est-à-dire les coefficients synaptiques.

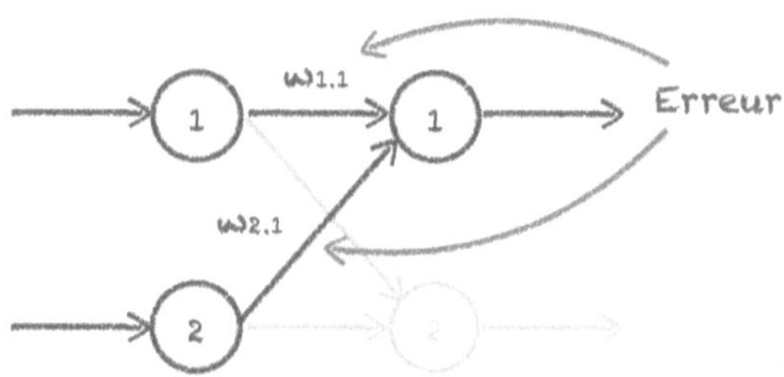

Fig. 29. L'erreur commise par un neurone du réseau peut être diminuée en ajustant les poids synaptiques des connexions.

La question qui se pose à présent est de savoir dans quelle proportion il convient d'ajuster les poids synaptiques. Une première idée est de réaliser les ajustements progressivement en prenant une proportion de l'erreur en fonction du nombre de connexions qui y contribuent. Ainsi, si nous avons 100 connexions qui aboutissent à un neurone, la correction serait proportionnelle à l'erreur que commet le neurone divisée par 100. Pour deux connexions, elle ne serait divisée que par deux.

Cette approche semble *a priori* correcte, mais une

amélioration de ce principe consiste à rendre les ajustements proportionnels aux coefficients synaptiques. C'est une meilleure idée, car chaque connexion contribue à l'erreur en proportion de son poids. Par conséquent, pour deux connexions à un neurone, la correction serait appliquée aux coefficients synaptiques en tenant compte de leur proportion (cf. figure 30).

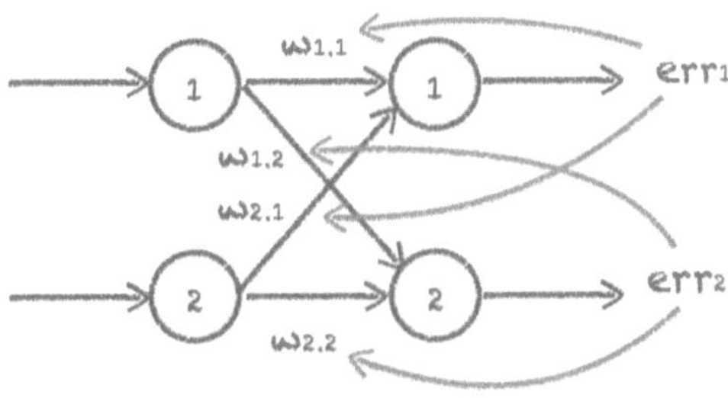

Fig. 30. On peut corriger les poids synaptiques en fonction de leur contribution à l'erreur en sortie.

Le réseau et ses poids synaptiques sont donc utilisés de deux manières. Dans un premier temps, les données sont propagées de couche en couche, de l'entrée vers la sortie, en tenant compte des poids de chaque liaison. Dans un second temps, la sortie finale est comparée à la sortie désirée, et l'erreur ainsi obtenue est propagée dans le sens inverse, de la sortie vers l'entrée, pour corriger les poids synaptiques.

La rétropropagation de l'erreur

Ce principe de correction des coefficients en propageant l'erreur de la sortie vers l'entrée est appelé la *rétropropagation de l'erreur.*

Nous allons voir à présent comment il est possible de déterminer la proportion de l'erreur générée par une connexion à un neurone de la couche de sortie dans notre exemple de mini-réseau composé de deux couches de deux neurones. Encore une fois, le calcul est simple. L'erreur pour le premier neurone de sortie est :

$$err_1 = s_1 - y_1$$

Comme nous n'avons que deux neurones dans la couche précédente, la proportion concernant la connexion $w_{1.1}$ du premier neurone est une simple règle de trois :

$$w_{1.1} / (w_{1.1} + w_{2.1})$$

Et pour la seconde connexion $w_{2.1}$:

$$w_{2.1} / (w_{1.1} + w_{2.1})$$

Prenons un exemple numérique. Imaginons que $w_{1.1} = 1,0$ et que $w_{2.1} = 0,5$, soit la moitié. La première valeur pour corriger $w_{1.1}$ vaut alors :

$$1 / (1 + 0,5) = 1 / 1,5 = 0,666$$

et celle pour $w_{2.1}$ est :

$$0,5 / (1 + 0,5) = 0,5 / 1,5 = 0,333$$

Il faudra donc répartir l'erreur err_1 en fonction de ces deux valeurs pour les deux connexions. Pour un nombre plus grand de neurones, et donc de connexions, le principe reste le même : on divise le poids synaptique de la connexion considérée par la somme des poids synaptiques de l'ensemble des connexions qui arrivent sur le neurone. C'est un calcul de proportion tout à fait classique.

Rétropropagation avec plusieurs couches

Super ! Mais que se passe-t-il lorsque l'on a plusieurs couches ? Comment corriger les poids des couches précédentes ?

Reprenons notre exemple de réseau à trois couches de deux neurones. Le principe général reste le même. L'erreur au niveau de la couche de sortie est err_{s1} pour le premier neurone et err_{s2} pour le second. Il y a également une erreur après la couche cachée : appelons-là err_{c1} pour le premier neurone et err_{c2} pour le second. Il n'y a pas d'erreur après la couche d'entrée puisque celle-ci ne fait que transmettre les données.

Le principe revient donc à continuer à rétropropager l'erreur depuis la sortie vers l'entrée en adoptant les bonnes proportions en fonction des poids synaptiques.

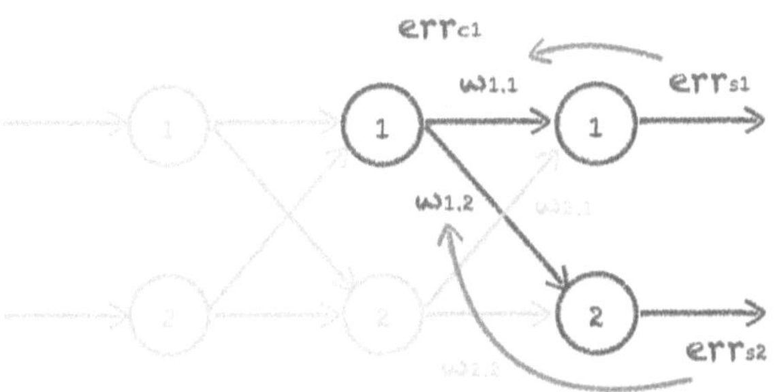

Fig. 31. En rétropropageant l'erreur, on peut calculer l'erreur que fait un neurone de la couche cachée.

Nous avons vu ce qu'il fallait calculer pour une seule couche avec l'erreur de sortie. Le problème est que l'erreur après la couche cachée semble bien moins évidente à calculer que celle de sortie pour laquelle nous avons la sortie désirée.

Pour la couche cachée en effet, nous n'avons pas de valeur d'apprentissage. Toutefois, nous avons un moyen pour calculer une erreur approchée en utilisant les proportions associées aux connexions que nous avons calculées pour corriger les poids. Pour ce faire, il suffit d'additionner les proportions des erreurs rétropropagées. Pour le premier neurone de la couche cachée, cela donne :

$$err_{c1} = e_{s1}\, w_{1.1} \,/\, (w_{1.1} + w_{2.1}) + e_{s2}\, w_{1.2} \,/\, (w_{1.2} + w_{2.2})$$

Encore une fois, prenons un exemple numérique pour être certain de bien comprendre.

Nous avons initialisé les poids et les erreurs de sortie avec des nombres arbitraires pour servir d'exemple. À titre d'exercice, prenez une feuille de papier et faites vous-même les calculs en vous aidant de la figure suivante (cf. figure 32).

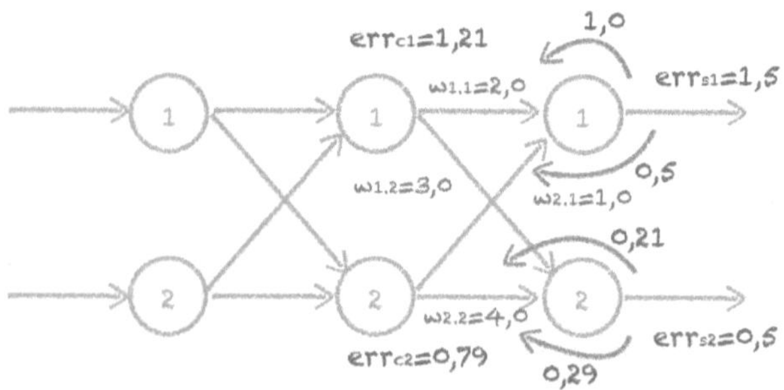

Fig. 32. Exemple de rétropropagation de l'erreur et estimation de l'erreur en sortie des neurones de la couche cachée.

C'est bon ? Ensuite, continuez à rétropropager l'erreur dans le réseau en réitérant le même processus de calcul, mais cette fois-ci à partir des erreurs obtenues précédemment err_{c1} et err_{c2} à la sortie de la couche interne. Voici le principe sur la figure suivante (cf. figure 33) :

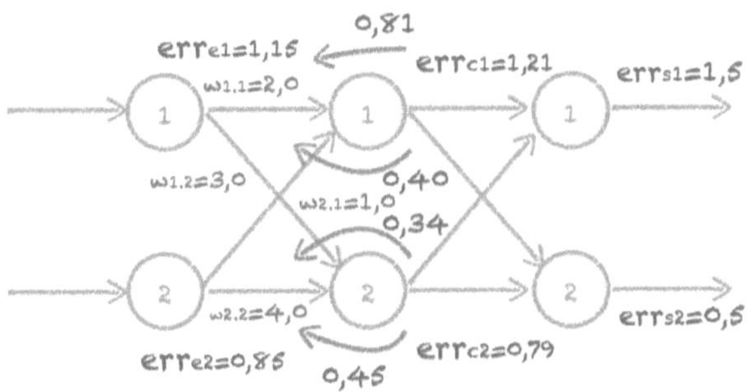

Fig. 33. Exemple numérique de rétropropagation de l'erreur à partir de la couche cachée.

Vous voyez que, finalement, malgré un terme compliqué, le principe de la rétropropagation de l'erreur est en fait assez simple. Il ne fait intervenir que des additions, des proportions et des multiplications.

Encore des matrices

Certes le principe est assez simple, mais vous allez me dire que les calculs induits sont fastidieux et vous avez raison !

Heureusement, une nouvelle fois, le calcul matriciel va simplifier notre travail. Pour ce faire, définissons la matrice des erreurs calculées en sortie du réseau Es :

$$Es = \begin{pmatrix} err_{s1} \\ \\ err_{s2} \end{pmatrix}$$

Nous avons vu précédemment le calcul pour estimer les erreurs à la sortie de la couche cachée. Il est donc facile d'en déduire la matrice de l'erreur cachée Ec :

$$Ec = \begin{pmatrix} err_{s1} \cdot w_{1,1} + err_{s2} \cdot w_{2,1} \\ \\ err_{s1} \cdot w_{1,2} + err_{s2} \cdot w_{2,2} \end{pmatrix}$$

Il devient clair que ce calcul correspond en fait à une multiplication de matrice :

$$Ec = \begin{pmatrix} w_{1,1} & w_{2,1} \\ \\ w_{1,2} & w_{2,2} \end{pmatrix} \cdot \begin{pmatrix} err_{s1} \\ \\ err_{s2} \end{pmatrix}$$

La matrice des poids synaptiques ressemble à celle que nous avons établie pour calculer la propagation des données dans le réseau. La différence est que le poids en haut et à droite a été interverti avec celui d'en bas à gauche, le long de la diagonale. Cette transformation de la matrice initiale est appelée une transposition. Pour une matrice M, sa transposée est notée M^T.

Voici un exemple simple d'une telle transposition sur une matrice 3x3 avec des nombres qui se suivent pour voir ce qui se passe.

$$M = \begin{pmatrix} 1 & 2 & 3 \\ 4 & 5 & 6 \\ 7 & 8 & 9 \end{pmatrix} \qquad M^T = \begin{pmatrix} 1 & 4 & 7 \\ 2 & 5 & 8 \\ 3 & 6 & 9 \end{pmatrix}$$

La transposée d'une matrice s'obtient par symétrie axiale par rapport à la diagonale principale de la matrice. Okay, je vous vois faire la grimace... En fait, c'est très simple : il suffit d'échanger les lignes et les colonnes !

C'est plus simple expliqué comme cela, non ? En tout cas, nous avons maintenant une formule simple pour calculer l'erreur à la sortie de la couche cachée grâce aux matrices :

$$Ec = W^T\ Es$$

Résumé d'étape

- L'apprentissage dans un réseau de neurones à couche est réalisé grâce à une méthode appelée la rétropropagation de l'erreur. Elle consiste à corriger les poids synaptiques en fonction de la proportion de l'erreur qu'ils contribuent à provoquer.

- Le principe consiste à calculer dans un premier temps la sortie du réseau en propageant les données d'apprentissage de l'entrée vers la sortie. La différence entre la sortie désirée et la sortie obtenue définit l'erreur. Dans un second temps, celle-ci est retropropagée dans le réseau en sens inverse pour corriger les poids synaptiques.

- L'ensemble des équations nécessaires se résume à la fonction sigmoïde et quatre équations matricielles élémentaires.

L'ajustement des poids synaptiques

Arrivés à ce stade, nous avons l'essentiel du principe des réseaux de neurones à couche. Nous savons construire un réseau composé d'une couche d'entrée, d'une couche interne et d'une couche de sortie. Nous savons également comment calculer la sortie du réseau lorsqu'on lui présente des données. Enfin, nous avons une méthode, appelée la rétropropagation de l'erreur, pour lui apprendre à reconnaître et classer grâce à des données d'apprentissage.

Nous pourrions nous estimer satisfaits et nous arrêter là. Nous aurions en partie raison, car il a fallu des années de recherche sur les réseaux de neurones depuis McCulloch et Pitts pour obtenir ces avancées.

Toutefois, le diable se situe dans les détails a-t-on l'habitude de dire... Le principe d'apprentissage que nous avons établi est certes théoriquement valide, mais il n'est pas très performant. Utilisé comme tel, en effet, il ne donnerait pas de résultat satisfaisant.

Pourquoi donc ? D'une part, parce que les neurones formels ne sont pas de simples fonctions linéaires comme dans notre premier exemple. Ils utilisent des sommes pondérées et une fonction sigmoïde non-linéaire. D'autre part, nous avons vu qu'il valait mieux procéder à des ajustements modérés en appliquant un taux d'apprentissage et non à des corrections trop brutales.

Comment faire alors en pratique ? La réponse à cette question n'est pas triviale. Il a fallu de très nombreuses années avant d'arriver à une solution satisfaisante. Certains ont même pensé à un moment que ce problème resterait à jamais insoluble. Pour expliquer simplement la solution, nous allons prendre une métaphore aujourd'hui classique, celle de la vallée de l'erreur.

Descente dans la vallée de l'erreur

Imaginez que vous êtes perdu en pleine nuit dans une contrée de montagnes et de vallées, très accidentée avec une multitude de creux et de bosses… et que vous ne voyez absolument rien autour de vous. Vous devez rejoindre le point le plus bas de la vallée afin de retrouver votre chemin. La seule lumière que vous avez est celle de l'écran de votre téléphone qui éclaire à peine devant vos pieds. Vous n'avez ni carte ni GPS !

Vous avancez donc lentement devant vous dans le sens de la pente. Après quelques pas, vous décidez de la direction à prendre, puis vous avancez de nouveau de quelques mètres et ainsi de suite en espérant atteindre le fond de la vallée. Le problème est que vous ne voyez rien aux alentours et que vous pouvez vous perdre dans les méandres des montées et des descentes. Parfois, en effet, il vaut mieux remonter pour atteindre un chemin qui mène au but. Dans le cas contraire, il est tout à fait possible de se retrouver coincé dans un creux qui n'est pas le plus bas de la vallée.

La version mathématique de cette histoire s'appelle une *descente de gradient*. Le terme de « gradient » correspond en quelque sorte à la pente du sol sur lequel vous progressez. Dans le cas de notre problème d'apprentissage, les montagnes et vallées représentent les variations montantes et descendantes de la courbe de l'erreur que fait le réseau en fonction des poids synaptiques (cf. figure 34). Pour simplifier, nous ne représentons qu'un seul poids, mais il faut imaginer qu'il y en a autant que de connexions. Le paysage est donc multidimensionnel et trouver un chemin vers le minimum est une tâche très complexe.

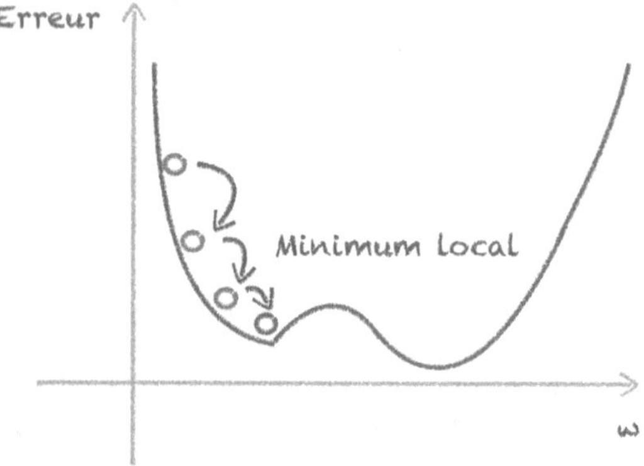

Fig. 34. Représentation simplifiée sous la forme d'une courbe du problème de minimisation de l'erreur.

Par conséquent, si l'on ne prend pas de précautions, la méthode de rétropropagation qui cherche à minimiser l'erreur en sortie du réseau peut très bien aboutir à une solution non optimale et, par conséquent, peu efficace. On parle alors d'un *minimum local.*

Pour éviter de finir dans la mauvaise vallée, autrement dit un minimum local, la solution consiste à entraîner le réseau à partir de plusieurs points de départ. En testant plusieurs chemins, nous avons en effet plus de chances d'arriver à l'objectif. Ces différents points de départ correspondent aux différentes données d'apprentissage. Ensuite, comme nous l'avons vu précédemment, à chaque étape, il faut calculer les ajustements en fonction de l'erreur et les modérer.

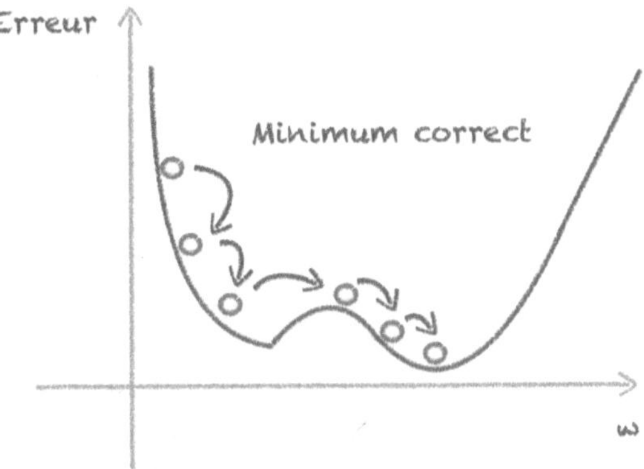

Fig. 35. La recherche du minimum global implique de faire plusieurs tentatives en partant de positions différentes et d'adapter les ajustements lors de la progression.

Encore faut-il avoir une fonction d'erreur qui soit vraiment le reflet des erreurs que commet le réseau. Nous avons commencé par une fonction très simple, qui calcule la différence entre la sortie désirée et la valeur obtenue en sortie après propagation des données.

S	Y	$S - Y$	$|S - Y|$	$(S - Y)^2$
0,4	0,5	−0,1	0,1	0,01
0,9	0,8	0,1	0,1	0,01
0,8	0,8	0	0	0
Total :		0	0,2	0,02

Fig. 36. Exemples de calcul pour trois fonctions d'erreur : différence, valeur absolue de la différence et carré de la différence.

À titre d'exemple, le tableau ci-dessus (cf. figure 36) donne les erreurs commises sur les trois neurones de sortie d'un réseau. Comme on peut le voir, la somme totale des erreurs peut donner 0 alors que le réseau ne fonctionne pas correctement. Ceci est dû aux valeurs qui s'annulent mutuellement du fait de leur signe. La simple différence n'est donc pas une fonction d'erreur idéale.

Une manière de résoudre ce problème serait de prendre la valeur absolue de cette valeur. Cette fois-ci, la somme ne pourrait pas s'annuler, car on en ignore les signes. Cela paraît satisfaisant, mais des essais de descente de gradient avec cette fonction d'erreur ont montré ses limites, en particulier à proximité de l'objectif en oscillant d'un côté et de l'autre.

La troisième solution est de prendre le carré de l'erreur simple. En effet, en multipliant un nombre négatif par lui-même, on obtient un nombre positif. C'est en fait la meilleure solution : elle reste simple et elle résout le problème des signes. En outre, près du minimum, les valeurs se réduisent et évitent ainsi le problème de « surréaction » (*overshooting*) rencontré avec la valeur absolue. En pratique, on multiplie souvent cette expression par $1/2$ pour faciliter le calcul des gradients par la suite.

Nous avons donc maintenant une meilleure fonction d'erreur. Il reste à présent à calculer la pente de cette fonction en relation avec les poids synaptiques. Autrement dit, il nous faut une formule qui rende compte des changements de l'erreur lorsque l'on modifie les poids des connexions du réseau.

Cette formule est la plus difficile à comprendre de ce livre. Mais elle n'est pas si compliquée. Prenez le temps pour bien comprendre.

Allons-y !

Calcul du gradient de l'erreur

Notre problème consiste à représenter la variation de l'erreur lorsque l'on fait varier les poids synaptiques. Cela s'écrit de la manière suivante :

$$\partial E \ / \ \partial w_{jk}$$

Ce rapport exprime la façon dont change l'erreur E lorsque l'on fait varier les poids des liens W entre la couche j et la couche k. On parle aussi de dérivée partielle de l'erreur par rapport aux liens, ou bien, plus simplement du gradient de l'erreur. Autrement dit, c'est la pente de la fonction d'erreur que nous essayons de descendre vers son minimum. Pour commencer, replaçons simplement l'erreur E par son expression, c'est-à-dire la somme de toutes les erreurs commises au carré d'après notre nouvelle formule :

$$\partial E \ / \ \partial w_{jk} = (\ \partial \ / \ \partial w_{jk}) \sum_n 1/2 \ (s_n - y_n)^2$$

Cette expression est complexe, mais on peut drastiquement la simplifier, car pour une couche donnée, on ne considère que les liens concernés. Ensuite, les choses se corsent. Il faut en effet faire appel à un processus de calcul mathématique un peu plus difficile de dérivées partielles…

Rassurez-vous, nous n'allons pas le faire ici, bien qu'il ne soit pas si compliqué si vous vous souvenez de vos cours de mathématiques de terminale. Vous pourrez le trouver en particulier sur (Wikipedia 2016).

Voici au bout du compte l'équation du gradient de l'erreur que l'on obtient après quelques transformations et dérivations :

$$\partial E \ / \ \partial w_{jk} = -(s_k - y_k)\, y_k\, (1 - y_k)\, y_j$$

Autrement dit, le gradient d'erreur est égal à un produit assez simple des valeurs de sortie des deux couches et de l'erreur simple.

Cette fonction est valable également pour les couches précédentes, c'est-à-dire la couche d'entrée et la couche cachée. Dans ce cas, l'erreur pour un neurone n'est plus la différence entre la sortie désirée et la valeur de sortie, mais l'erreur retropropagée :

$$\partial E \ / \ \partial w_{ij} = - \, e_j y_j\, (1 - y_j)\, y_i$$

Nous avons donc une formule « magique » pour mettre à jour les poids synaptiques en fonction de l'erreur. Il ne nous reste plus, pour terminer, qu'à voir comment l'appliquer.

Nous modifions le poids considéré en lui ôtant une portion de la valeur du gradient d'erreur donnée par notre calcul précédent afin de trouver le minimum :

$$nouveau\ w_{jk} = ancien\ w_{jk} - a\ (\ \partial E \ / \ \partial w_{jk}\ )$$

Pour définir cette proportion, nous utilisons la constante *a* (alpha) qui correspond au taux d'apprentissage. Cette constante doit être affinée pour chaque application afin d'éviter des modifications trop brutales qui risqueraient de réduire l'efficacité de l'apprentissage. Il faut en effet progresser par petits essais successifs qui vont nous rapprocher progressivement de l'objectif, plutôt que d'essayer d'y sauter d'un coup au risque de le louper ou bien de boucler autour.

Et voilà ! Il ne nous reste plus pour terminer qu'à mettre en pratique cela sur un exemple numérique.

Exemple de calcul du gradient

Reprenons un exemple de réseau à trois couches (cf. figure 37), pour lequel nous voulons corriger, par exemple, le poids synaptique $w_{1,1}$ qui relie le premier neurone de la couche cachée au premier neurone de la couche de sortie. La valeur de ce poids est 2,0.

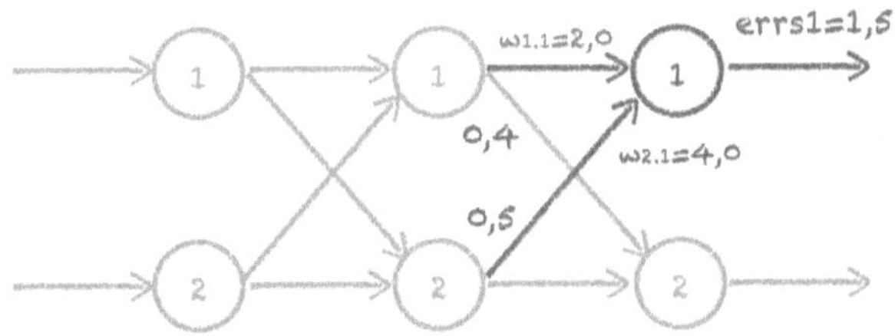

Fig. 37. Exemple numérique pour la mise à jour d'un poids synaptique.

Comme nous l'avons fixé arbitrairement pour cet exemple, l'erreur simple est :

$$s - y = 1{,}5$$

La somme pondérée pour le premier neurone de la couche de sortie est :

$$x = 2{,}0 * 0{,}4 + 4{,}0 * 0{,}5 = 2{,}8$$

L'application de la fonction sigmoïde sur cette valeur donne donc :

$$\text{Sigmoïde}(2,8) = 0,943$$

La valeur de sortie de la couche cachée est ici 0,4. Il nous suffit maintenant de replacer ces valeurs dans la formule du gradient :

$$-1,5 * 0,943 * (1 - 0,943) * 0,4 = -0,0324$$

Nous choisissons un taux d'apprentissage, également arbitraire : $a = 0,1$ par exemple.

Le poids synaptique $w_{1,1}$ doit donc être mis à jour de la valeur :

$$0,1 * -0,0324 = -0,00324$$

soit :

$$w_{1,1} = 2,0 - (-0,00324) = 2,0 + 0,00324 = 2,00324$$

C'est une très petite modification. Toutefois, en répétant cette opération un très grand nombre de fois et sur l'ensemble des connexions, avec de bons exemples d'apprentissage, on obtient un réseau capable de reconnaître et classer les données qu'on lui présente avec un taux de succès intéressant.

Les méthodes d'apprentissage par rétropropagation ont fait l'objet de communications dès 1960, puis en 1975 par Paul Werbos pour les réseaux de neurones, puis en 1985 avec la thèse de Yann LeCun, mais ce sont les travaux de Rumelhart, Hinton et Williams en 1986 qui suscitèrent le véritable début de l'engouement pour cette méthode (Rumelhart 1986).

Résumé d'étape

- La procédure d'apprentissage pour un réseau de neurones à couches est effectuée en ajustant les poids synaptiques en propageant le gradient de l'erreur en sens inverse, c'est-à-dire de la sortie vers l'entrée.

- Les formules donnant l'ajustement à effectuer sur les poids synaptiques restent simples.

- Il faut toutefois un jeu de données d'apprentissage adéquat pour le problème à traiter et régler empiriquement le taux d'apprentissage afin d'éviter des surajustements (*overfittings*).

Références

Rumelhart, D.E., Hinton, G.E., Williams, Ronald J., 1986. Learning Representations by Back-propagating Errors, *Nature*, 323 (6088): 533–536.

Wikipedia, 2016.
https://en.wikipedia.org/wiki/Backpropagation

4

Programmer un réseau de neurones

Pourquoi JavaScript ?

Dans ce chapitre, nous allons mettre en pratique ce que nous avons appris lors des chapitres précédents afin de programmer un réseau de neurones et le faire fonctionner. Le projet de réseau sera simple, de manière à nous focaliser sur les principes. Rassurez-vous, il suffit de quelques notions élémentaires de programmation pour y arriver.

Bien que la majorité des recherches actuelles sur les réseaux de neurones utilise le langage *Python*, nous avons choisi pour cet exercice un autre langage : *JavaScript*.

Pourquoi ce choix ? Le langage *JavaScript* est très répandu et ne nécessite aucune installation de logiciel spécifique. Il suffit en effet d'un navigateur Web et d'un éditeur de texte pour créer une page HTML. Pour les novices, il existe un nombre important de tutoriaux sur le langage *JavaScript* accessibles gratuitement.

En outre, la traduction du programme en *Python* ou tout autre langage syntaxiquement proche de *JavaScript* est simple.

Pour le navigateur, nous recommandons *Chrome*, mais un autre choix est également possible, car tous les navigateurs récents sont compatibles avec *JavaScript*.

Pour l'éditeur de texte, vous pouvez utiliser celui de votre choix, par exemple *Notepad+* sur Windows ou *Sublimetext* sur Mac.

Comme annoncé plus haut, les prérequis en matière de programmation sont minima : une connaissance non-experte du langage *JavaScript* pour le réseau de neurones proprement dit et du langage HTML de base pour exécuter le programme et afficher les résultats.

Outre les fonctions, un classique de tous les langages informatiques, nous utiliserons essentiellement des boucles afin de faire des calculs sur les connexions entre les couches de neurones.

Considérons par exemple deux couches de neurones A et B, totalement connectées de A vers B. La structure principale que nous allons utiliser est de la forme suivante :

```
Pour chaque neurone de la couche B :
  Pour chaque neurone de la couche A :
    Calcul sur le lien w_ba;
  Fin pour;
Fin pour.
```

On commence par sélectionner un neurone de la couche B, la seconde, et on itère ensuite sur les neurones de la couche A qui sont connectés sur ses entrées. On applique à chaque étape le calcul à effectuer sur le lien correspondant, puis on passe au neurone suivant. Une fois tous les neurones de la couche A parcourus, on passe au neurone suivant de la couche B et on recommence ainsi jusqu'à avoir parcouru tous les liens reliant les deux couches.

En *JavaScript*, cela donne une structure du type :

```
for (var j = 0; j < B.length; j++) {
  for (var i = 0; i < A.length; i++) {
    // calcul sur le lien w[j][i]
    }
  }
```

Rien de bien sorcier. D'autres formes de codage existent bien évidemment, qui sont plus efficaces ou qui permettent de tirer parti de librairies déjà existantes. Toutefois, notre objectif dans ces lignes est pédagogique et la taille du problème que nous allons aborder ne nécessite aucun calcul intensif.

Le problème à résoudre

Le problème sur lequel nous proposons de travailler est très simple. Il s'agit d'un exemple pédagogique et non d'une application réaliste. Il s'agit de reconnaître certaines configurations d'une image réduite à la composition de quatre carrés noirs ou blancs. Pendant la phase d'apprentissage, on présente au réseau les configurations que l'on souhaite reconnaître. Puis, pendant la phase de reconnaissance, ou d'exploitation si vous préférez, on présente des configurations arbitraires afin de vérifier que le réseau reconnaît bien celles qu'il a apprises.

Voici les différentes configurations possibles de notre micro-image de quatre pixels noirs ou blancs :

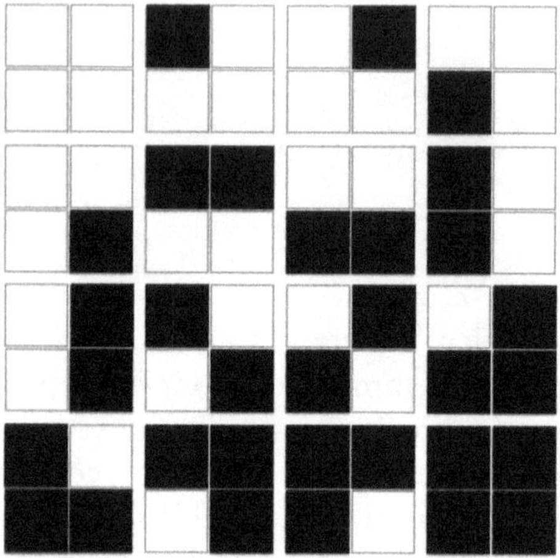

Fig. 38. Les 16 configurations possibles des micro-images de 4 pixels.

Nous souhaitons reconnaître et classer les différentes configurations en quatre catégories différentes en fonction du nombre de pixels noirs qui composent la micro-image.

Outre sa simplicité, cet exemple pédagogique peut éventuellement être étendu à des applications plus réalistes avec des images plus grandes et non limitées à du noir et blanc. Les principes restent les mêmes, seule la taille du réseau change (et le temps nécessaire pour sa mise au point, comme nous le verrons un peu plus loin).

Commençons !

Création et initialisation du réseau

Les micro-images peuvent être facilement représentées par des tableaux de quatre valeurs, chacune correspondant à un pixel.

Par convention, un pixel noir aura la valeur 1 et un pixel blanc la valeur 0.

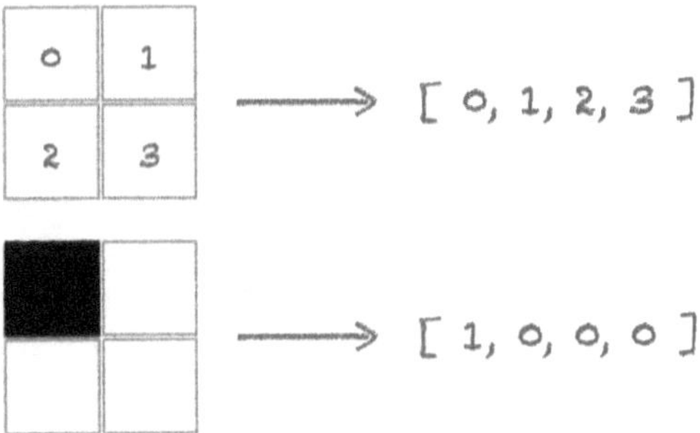

Fig. 39. Représentation des micro-images binaires sous la forme de tableaux de valeurs. En haut, les indices dans le tableau. En bas, un exemple d'image et sa représentation en tableau.

De même, en sortie, on choisit arbitrairement d'avoir un tableau de deux valeurs permettant ainsi de pouvoir représenter quatre catégories facilement : 00 pour les images n'ayant aucun ou tous les pixels noirs, 01 pour celles comprenant un pixel noir, 10 pour celles ayant deux pixels noirs, et 11 pour celles ayant trois pixels noirs. Notons qu'une seule valeur pourrait suffire, mais pour notre exemple, il est préférable d'en avoir deux.

Par conséquent, notre réseau doit avoir quatre neurones d'entrée et deux neurones de sortie. Nous lui ajoutons une couche cachée de quatre neurones qui font la liaison entre la bouche d'entrée et la couche de sortie. La figure 40 donne la structure du réseau ainsi obtenue.

Par convention, nous utilisons la notation suivante : *Input* pour la couche d'entrée, *Hidden* pour la couche cachée et *Output* pour la couche de sortie. Les neurones sont numérotés dans chaque couche de 0 à 3, car comme nous allons le voir, la structure de données la plus utilisée pour programmer un réseau de neurones est le tableau dont les indices commencent toujours à 0.

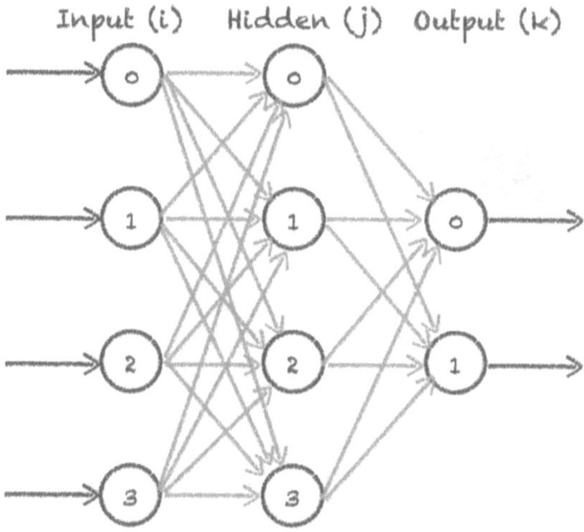

Fig. 40. Le réseau de neurones composé de trois couches.

Commençons par créer les trois couches de neurones sous la forme de trois tableaux :

```
var Input = [];
var Hidden = [];
var Output = [];
```

À ces trois tableaux de base, il faut en ajouter deux autres pour stocker les valeurs des poids synaptiques associés aux connexions entre la couche d'entrée et la couche cachée, et entre la couche cachée et la couche de sortie. Appelons le premier tableau *Wh* et le second *Wo*.

```
var Wh = [];
var Wo = [];
```

Les tableaux ne sont pas initialisés dans ces déclarations, car il est préférable d'effectuer cette initialisation dans une fonction séparée.

La fonction d'initialisation des différents tableaux s'appelle *reset()*. Elle représente la première fonction importante de notre programme. Dans cette fonction, on commence par initialiser les valeurs des neurones de chaque couche : quatre pour la couche d'entrée, quatre pour la couche cachée et deux pour la couche de sortie.

```
function reset () {
  Input = [0, 0, 0, 0];
  Hidden = [0, 0, 0, 0];
  Output = [0, 0];

  Wh = [[0.5, 0.5, 0.5, 0.5],
        [0.5, 0.5, 0.5, 0.5],
        [0.5, 0.5, 0.5, 0.5],
        [0.5, 0.5, 0.5, 0.5]];
  Wo = [[0.5, 0.5, 0.5, 0.5],
        [0.5, 0.5, 0.5, 0.5]];
  }
```

Chaque neurone de la couche d'entrée est connecté à tous les neurones de la couche cachée. Il en résulte donc un tableau *Wh* à double indice correspondant aux coefficients synaptiques des liens reliant les neurones entre eux. Le premier indice est celui des neurones de la couche cachée et le second celui des neurones de la couche d'entrée. Les poids sont arbitrairement initialisés à la valeur 0,5.

On notera que dans une application réaliste, on initialiserait plutôt les poids synaptiques avec des valeurs aléatoires distribuées uniformément sur un intervalle, par exemple entre -1 et +1, et dont la moyenne serait nulle.

On fait de même avec le tableau *Wo* qui contient les poids des connexions reliant les neurones de la couche cachée à ceux de la couche de sortie. Le premier indice est celui des neurones de la couche de sortie et le second celui des neurones de la couche cachée. Comme il n'y a que deux neurones en sortie, le nombre de poids est par conséquent divisé par deux.

Avec ces cinq tableaux, nous avons le cœur de la structure de notre réseau de neurones. Il manque toutefois une autre information : les données que nous allons présenter au réseau.

```
var input_data = [0, 1, 0, 1];
```

Pour l'instant, stockons-les dans un simple tableau avec des valeurs qui correspondent aux pixels. Nous choisissons arbitrairement les valeurs pour débuter par un exemple.

La propagation des données

La deuxième fonction importante de notre programme est *propagate()* qui, comme son nom l'indique, propage les données de la couche d'entrée vers la couche de sortie.

Cette fonction est essentielle pour utiliser le réseau lorsqu'il a été entraîné. Elle est tout aussi importante pour la phase d'apprentissage, comme nous le verrons un peu plus loin.

Toutefois, avant de la définir, il nous faut écrire la seule fonction mathématique dont elle a besoin. Il s'agit de la fonction d'activation sigmoïde qui permet de calculer la valeur de sortie d'un neurone. Voici son code :

```javascript
function sigmoid (x) {
  return 1 / (1 + Math.pow(Math.E, (-1 * x)));
  }
```

La fonction fait appel à la librairie mathématique de *JavaScript* pour la fonction puissance *Math.pow()* et la constante *Math.E*.

La fonction *propagate()* est simple dans son principe, comme dans son codage. Elle commence par copier les données stockées dans un tableau *d* passé en argument dans la couche d'entrée. Pour mémoire, celle-ci n'exécute aucun calcul.

```javascript
for (var i = 0; i < Input.length; i++) {
  Input[i] = d[i];
  }
```

Nous pourrions faire cette copie donnée par donnée, mais nous préférons utiliser une boucle *for*, car cette méthode est utilisable, quelle que soit la taille du réseau.

Afin d'améliorer la clarté du programme, nous utilisons une variable d'itération différente, mais toujours identique pour chaque couche : *i* pour la couche d'entrée, *j* pour la couche interne, et *k* pour la couche de sortie.

La propagation des données de la couche d'entrée vers la couche cachée se déroule en deux étapes. La première consiste à calculer les sommes pondérées, comme nous l'avons vu au chapitre précédent. Pour ce faire, nous avons besoin d'un tableau de variables intermédiaires pour stocker les résultats cumulatifs des sommes. Nous appelons ce tableau Xh et nous l'initialisons à 0.

```
Xh = [0, 0, 0, 0];
```

Ensuite, nous codons la somme pondérée par une double itération conforme à celle que nous avons proposée au début de ce chapitre : pour chaque neurone de la couche cachée *Hidden*, nous calculons la somme pondérée de la valeur de chaque neurone d'entrée *Input* multipliée par le poids synaptique du lien associé :

```
for (var j = 0; j < Hidden.length; j++) {
  for (var i = 0; i < Input.length; i++) {
    Xh[j] += Wh[j][i] * Input[i];
    }
  }
```

Le tableau Xh contient alors les sommes cumulées pour la couche cachée. Il ne suffit plus qu'à appliquer la fonction sigmoïde sur ces valeurs.

```
for (var j = 0; j < Hidden.length; j++) {
  Hidden[j] = sigmoid(Xh[j]);
  }
```

Le tableau des neurones *Hidden* contient, à ce stade, les valeurs actualisées. Pour terminer la propagation, il faut donc transférer ces données vers la couche de sortie. Le processus est strictement identique à ce que nous venons de faire, si ce n'est que les couches concernées sont à présent la couche cachée *Hidden* et la couche de sortie *Output*.

Comme précédemment, nous commençons par créer un tableau intermédiaire *Xo* pour stocker les sommes pondérées de chaque neurone de sortie. Ensuite, nous effectuons le calcul des sommes pondérées par une double itération :

```
Xo = [0, 0];

for (var k = 0; k < Output.length; k++) {
  for (var j = 0; j < Hidden.length; j++) {
    Xo[k] += Wo[k][j] * Hidden[j];
    }
  }
```

Une fois que les sommes pondérées ont été calculées, on applique la fonction d'activation sur le tableau temporaire :

```
for (var k = 0; k < Output.length; k++) {
  Output[k] = sigmoid(Xo[k]);
  }
```

Les neurones de sortie contiennent donc maintenant les valeurs propagées depuis la couche d'entrée. Nous avons terminé le calcul de propagation !

En mettant bout à bout chaque étape du code, la fonction *propagate()* est la suivante :

```javascript
function propagate (d) {
  // copie les données dans la couche d'entrée
  for (var i = 0; i < Input.length; i++) {
    Input[i] = d[i];
  }

  // propage dans la couche cachée
  Xh = [0, 0, 0, 0];
  for (var j = 0; j < Hidden.length; j++) {
    for (var i = 0; i < Input.length; i++) {
      Xh[j] += Wh[j][i] * Input[i];
    }
  }

  // applique la fonction d'activation
  for (var j = 0; j < Hidden.length; j++) {
    Hidden[j] = sigmoid(Xh[j]);
  }

  // propage dans la couche de sortie
  Xo = [0, 0];
  for (var k = 0; k < Output.length; k++) {
    for (var j = 0; j < Hidden.length; j++) {
      Xo[k] += Wo[k][j] * Hidden[j];
    }
  }

  // applique la fonction d'activation
  for (var k = 0; k < Output.length; k++) {
    Output[k] = sigmoid(Xo[k]);
  }
}
```

Test de la propagation

Pour exécuter le programme dans un navigateur, il faut au préalable créer une structure de page HTML.

Voici donc la structure de base d'une page que nous appelons *SimpleNet.html* :

```html
<html>
  <head>
    <title>SimpleNet</title>
    <script> </script>
  </head>
  <body>
  </body>
</html>
```

Le code *JavaScript* que nous venons d'écrire doit être placé entre les balises *<script>* et *</script>*.

Afin de pouvoir tester ce programme, il faut créer quelques lignes HTML supplémentaires afin d'accéder aux résultats. Pour ce faire, nous ajoutons une table entre les balises *<body>* et *</body>* avec des cellules permettant d'afficher les valeurs des deux neurones de la couche de sortie :

```html
<table>
  <tr>
    <td>Output 0 : </td>
    <td id="out0">0.0</td>
  </tr>
  <tr>
    <td>Output 1 : </td>
    <td id="out1">0.0</td>
  </tr>
</table>
```

Pour visualiser les valeurs, nous créons une nouvelle fonction *JavaScript* qui affiche les résultats dans les deux cellules correspondantes de la table.

```
function display () {
  document.getElementById('out0').innerHTML =
    Output[0];
  document.getElementById('out1').innerHTML =
    Output[1];
  }
```

Pour terminer, en dessous de la première table, nous ajoutons une seconde table comportant deux boutons pour : d'une part, déclencher la fonction *reset()* et, d'autre part, exécuter la fonction *propagate()* ainsi que la fonction *display()* que nous venons de coder.

```
<table>
  <tr>
    <td>
      <input type="button" value="Reset"
        onclick="reset();">
    </td>
    <td>
      <input type="button" value="Propagate"
        onclick="propagate(input_data);
        display();">
    </td>
    </tr>
</table>
```

La page est maintenant complète pour vérifier le fonctionnement de notre réseau de neurones. Le code complet de la page est donné en annexe 1.

Pour exécuter le programme, il convient de charger la page dans le navigateur. Si tout se passe bien, vous devez alors obtenir quelque chose qui ressemble à ceci :

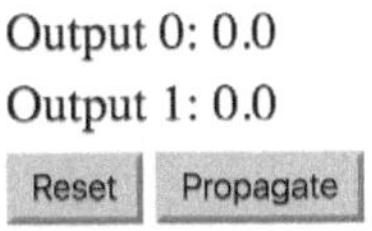

Output 0: 0.0
Output 1: 0.0

Reset Propagate

Fig. 41. Affichage de la page *SimpleNet.html*.

Si vous cliquez alors sur le bouton *Propagate*, vous obtenez des résultats qui pourraient laisser penser qu'il y a un problème. En effet, les valeurs apparaissent *undefined*...

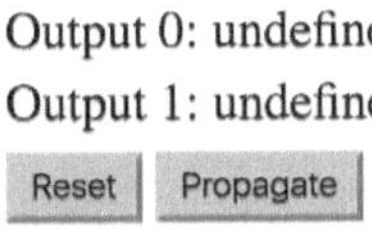

Output 0: undefined
Output 1: undefined

Reset Propagate

Fig. 42. En cliquant sur *Propagate*, on obtient des sorties non définies si le réseau n'a pas été initialisé.

Ne vous inquiétez pas. C'est tout à fait normal, car le réseau n'est pas initialisé. Cliquez à présent sur le bouton *Reset*, puis à nouveau sur le bouton *Propagate*. Cette fois-ci, la page affiche deux nombres identiques.

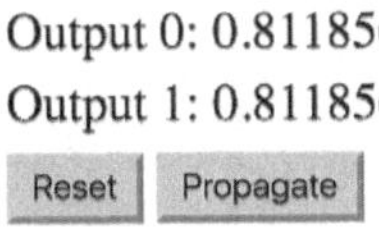

Output 0: 0.8118562749129378
Output 1: 0.8118562749129378

Reset Propagate

Fig. 43. Le réseau affiche les valeurs numériques de sortie des deux neurones.

Le réseau fonctionne ! Si vous le souhaitez, vous pouvez alors faire des tests complémentaires avec des valeurs différentes en modifiant les données contenues dans le tableau *input_data*. Vous obtiendrez alors des valeurs différentes en sortie.

L'apprentissage

Il manque encore à notre réseau de neurones la troisième fonction, certainement la plus importante. Il s'agit évidemment de celle qui permet de lui apprendre à reconnaître certaines configurations. Elle est basée sur l'algorithme de rétropropagation du gradient de l'erreur que nous avons étudié lors du précédent chapitre. Appelons cette fonction *learn()*.

S'il est vrai que l'algorithme est plus délicat à appréhender, son codage suit les mêmes principes que la fonction *propagate()*. Les deux différences essentielles résident dans les équations utilisées et le fait que l'on rétropropage de la sortie vers l'entrée, c'est-à-dire dans le sens inverse de la fonction *propagate()* qui propage les données de l'entrée du réseau vers sa sortie.

Mais avant de commencer le codage de la fonction *learn()*, il faut ajouter à notre programme deux variables supplémentaires. La première concerne le taux d'apprentissage. Nous appelons cette variable *alpha*, et nous l'initialisons arbitrairement à la valeur 0,5. La seconde est un tableau appelé *Target* qui contient les données que l'on souhaite obtenir en sortie, compte tenu des données qui sont présentées à l'entrée du réseau.

```
var alpha = 0.5;
var Target = [0, 0];
```

L'algorithme de rétropropagation du gradient de l'erreur comporte quatre étapes qui sont exécutées séquentiellement dans une boucle avec un critère d'arrêt. Celui-ci, en règle général, est soit un seuil d'erreur à atteindre, soit un nombre maximum d'itérations. Notre exemple étant pédagogique, nous allons nous limiter ici à une seule itération de la fonction *learn()*. Celle-ci sera déclenchée manuellement par un bouton.

Les quatre étapes de l'algorithme sont :

(1) le calcul de l'erreur en sortie après la propagation des données ;

(2) le calcul des gradients d'erreurs pour corriger les poids synaptiques des neurones de la couche de sortie ;

(3) le calcul des gradients d'erreurs pour corriger les poids synaptiques des neurones de la couche cachée ;

(4) la mise à jour des poids synaptiques de la couche de sortie et de la couche cachée.

Comme précédemment, nous utilisons une variable d'itération différente mais toujours identique pour chaque couche de manière à rendre le programme plus lisible : i pour la couche d'entrée, j pour la couche interne, et k pour la couche de sortie.

La première étape, comme nous l'avons indiqué, consiste à calculer l'erreur sur les neurones de sortie après avoir propagé les données. Cette erreur est la différence simple entre la sortie souhaitée stockée dans *Target* et la sortie obtenue dans la couche *Output*. Un tableau local est créé pour stocker le résultat.

```
var Err = [];

for (var k = 0; k < Output.length; k++) {
  Err[k] = Target[k] - Output[k];
  }
```

La seconde étape doit calculer les gradients d'erreurs de la couche de sortie *Output* grâce à la formule que nous avons établie. Cette tâche est effectuée sur les deux neurones de sortie grâce à une double itération qui permet de traiter l'ensemble des connexions entre la couche cachée *Hidden* et la couche de sortie *Output*. Les gradients d'erreurs ainsi obtenus sont stockés dans un tableau local *Wog*.

```
var Wog = [[0, 0, 0, 0], [0, 0, 0, 0]];

for (var k = 0; k < Output.length; k++) {
  for (var j = 0; j < Hidden.length; j++) {
    Wog[k][j] = -Err[k] * Output[k] *
    (1 - Output[k]) * Hidden[j];
    }
  }
```

La troisième étape consiste à continuer de la couche cachée *Hidden* vers l'entrée *Input*. Le principe est identique à l'étape précédente. La différence est qu'il faut rétropropager l'erreur de sortie vers la couche *Hidden* pour l'affecter aux différents neurones en proportion de leurs poids synaptiques. Cette tâche est réalisée par une boucle *for* supplémentaire qui cumule les erreurs dans une variable locale *e*. Comme pour l'étape précédente, les résultats dont stockés dans un tableau local *Whd*.

```
var Whg = [[0, 0, 0, 0], [0, 0, 0, 0],
           [0, 0, 0, 0], [0, 0, 0, 0]];

for (var j = 0; j < Hidden.length; j++) {
  for (var i = 0; i < Input.length; i++) {
    var e = 0;
    for (var k = 0; k < Output.length; k++)
      e += Wo[k][j] * Err[k];
    Whg[j][i] = -e * Hidden[j] *
      (1 - Hidden[j]) * Input[i];
  }
}
```

La quatrième étape consiste simplement à mettre à jour l'ensemble des poids synaptiques du réseau.

```
for (var k = 0; k < Output.length; k++) {
  for (var j = 0; j < Hidden.length; j++) {
    Wo[k][j] -= alpha * Wog[k][j];
  }
}

for (var j = 0; j < Hidden.length; j++) {
  for (var i = 0; i < Input.length; i++) {
    Wh[j][i] -= alpha * Whg[j][i];
  }
}
```

Pour ce faire, chaque poids est modifié en lui soustrayant une portion de du gradient d'erreur par l'application du taux d'apprentissage *alpha*. Les corrections sont effectuées par une double itération, successivement sur les poids de la couche de sortie *Output*, puis sur les poids de la couche cachée *Hidden*.

En mettant bout à bout chaque étape du code, la fonction *learn()* est donc la suivante :

```javascript
function learn () {
  // calcul de l'erreur en sortie
  for (var k = 0; k < Output.length; k++) {
    Err[k] = Target[k] - Output[k];
  }


  // calcul des gradients couche de sortie
  var Wog = [[0, 0, 0, 0], [0, 0, 0, 0]];
  for (var k = 0; k < Output.length; k++) {
    for (var j = 0; j < Hidden.length; j++) {
      Wog[k][j] = -Err[k] * Output[k] *
        (1 - Output[k]) * Hidden[j];
    }
  }


  // calcul des gradients couche cachée
  var Whg = [[0, 0, 0, 0], [0, 0, 0, 0],
             [0, 0, 0, 0], [0, 0, 0, 0]];
  for (var j = 0; j < Hidden.length; j++) {
    for (var i = 0; i < Input.length; i++) {
      var e = 0;
      for (var k = 0; k < Output.length; k++)
        e += Wh[k][j] * Err[k];
      Whg[j][i] = -e * Hidden[j] *
        (1 - Hidden[j]) * Input[i];
    }
  }


  // mise à jour des poids couche de sortie
  for (var k = 0; k < Output.length; k++) {
    for (var j = 0; j < Hidden.length; j++) {
      Wo[k][j] -= alpha * Wog[k][j];
    }
  }


  // mise à jour des poids couche cachée
  for (var j = 0; j < Hidden.length; j++) {
    for (var i = 0; i < Input.length; i++) {
      Wh[j][i] -= alpha * Whg[j][i];
    }
  }
}
```

Test de la rétropropagation

Avant de tester notre code d'apprentissage, il est nécessaire de pratiquer quelques ajouts mineurs et modifications à la page *SimpleNet.html*.

Il s'agit essentiellement d'ajouter à la page HTML des zones de saisie pour les données d'entrée et les sorties souhaitées après apprentissage, pour faciliter son utilisation.

Il faut également ajouter un bouton supplémentaire pour activer la fonction *learn()*, ainsi que quelques autres adaptations mineures de pure forme.

Commençons par intégrer une nouvelle table avec des champs de saisie pour les données d'entrée du réseau, ce qui remplace avantageusement le tableau *input_data* de la version précédente.

```
Input Data:
<table border="1">
  <tr>
    <td>
      <input type="text" id="input0"
        value="0" size="1">
    </td>
    <td>
      <input type="text" id="input1"
        value="0" size="1">
    </td>
    <td>
      <input type="text" id="input2"
        value="0" size="1">
    </td>
    <td>
      <input type="text" id="input3"
        value="0" size="1">
    </td>
  </tr>
</table>
```

Puis ajoutons une seconde table pour saisir les sorties désirées nécessaires à l'apprentissage.

```
Target Data :
<table border="1">
  <tr>
    <td>
      <input type="text" id="target0"
        value="0" size="1">
    </td>
    <td>
      <input type="text" id="target1"
        value="0" size="1">
    </td>
  </tr>
</table>
```

Ceci étant fait, il faut maintenant modifier le début de la fonction *propagate()* afin de récupérer les données saisies. Ce code remplace la copie du tableau *input_data* dans la couche d'entrée *Input*. Le reste de la fonction ne change pas.

```
function propagate () {
  Input[0] = parseInt(document.
    getElementById('input0').value);

  Input[1] = parseInt(document.
    getElementById('input1').value);

  Input[2] = parseInt(document.
    getElementById('input2').value);

  Input[3] = parseInt(document.
    getElementById('input3').value);

  ...
```

Il faut également faire le même type d'opération pour la fonction *learn()* pour les sorties désirées :

```
function learn () {
  Target[0] = parseInt(document.
    getElementById('target0').value);

  Target[1] = parseInt(document.
    getElementById('target1').value);

  ...
```

Afin de vérifier la progression de l'apprentissage, il est utile d'afficher les erreurs sur les neurones de sortie. Ainsi, nous verrons l'effet de chaque étape de la rétropropagation de l'erreur. Pour ce faire, on ajoute dans la table affichant les sorties deux lignes supplémentaires pour les erreurs.

```
<table>
  <tr>
    <td>Output 0 : </td>
    <td id="out0"> 0.0</td>
    <td>Error 0 : </td>
    <td id="Err0"> 0.0</td>
  </tr>
  <tr>
    <td>Output 1 : </td>
    <td id="out1"> 0.0</td>
    <td>Error 1 : </td>
    <td id="Err1"> 0.0</td>
  </tr>
</table>
```

Il ne faut pas oublier ensuite de compléter *display()* par deux fonctions supplémentaires pour calculer et afficher les erreurs à la suite des valeurs de sortie des deux neurones.

```
function display () {
  document.getElementById('out0').
    innerHTML = Output[0];

  document.getElementById('Err0').
    innerHTML = Target[0] - Output[0];

  document.getElementById('out1').
    innerHTML = Output[1];

  document.getElementById('Err1').
    innerHTML = Target[1] - Output[1];
  }
```

Enfin, il reste à ajouter un bouton *Learn* qui lance l'exécution d'une phase d'apprentissage, comme nous l'avions déjà fait pour les fonctions *reset()* et *propagate()*.

```
<table>
  <tr>
    <td>
      <input type="button" value="Reset"
          onclick="reset();">
    </td>
    <td>
      <input type="button" value="Learn"
          onclick="learn();">
    </td>
    <td>
      <input type="button" value="Propagate"
          onclick="propagate(); display();">
    </td>
  </tr>
</table>
```

Le code du réseau de neurones est maintenant complet avec ses trois fonctions importantes : *reset()* qui initialise le réseau, *propagate()* qui permet de propager des données et *learn()* qui exécute une itération d'apprentissage. Le code de la page *SimpleNet.html* complet est visible en Annexe 2. Il ne nous reste plus qu'à tester l'ensemble dans un navigateur.

Une fois chargée dans le navigateur, la page doit afficher quelque chose qui ressemble à ceci :

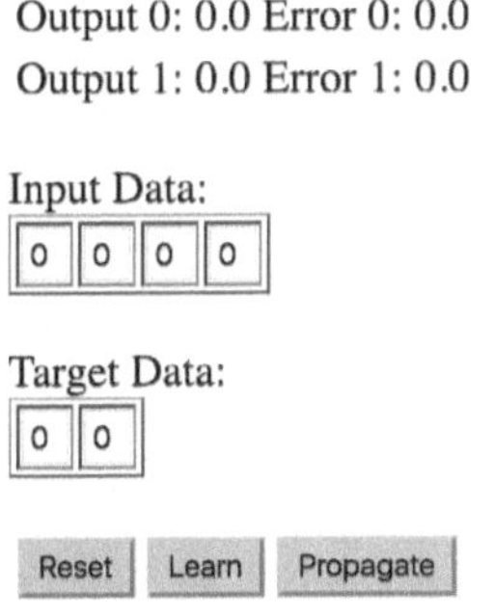

Fig. 44. Affichage de la page *SimpleNet.html* complète.

On retrouve en haut l'affichage des données de sortie du réseau, auxquelles s'ajoutent à présent les erreurs correspondantes. En dessous se trouvent les champs de saisie des données d'entrée et ceux des deux valeurs souhaitées en sortie lors des phases d'apprentissage. Enfin, tout en bas, les trois boutons permettent d'activer les trois fonctions *JavaScript* du programme.

Pour tester la fonction d'apprentissage, il convient en premier lieu d'initialiser le réseau en appuyant sur le bouton *Reset*, puis en entrant dans les champs de saisie une valeur d'entrée et la sortie désirée correspondante.

Par exemple : 1010 pour l'entrée et 10 pour la sortie souhaitée. Ensuite, il suffit d'appuyer successivement sur les boutons *Propagate* et *Learn* pour effectuer une étape du processus d'apprentissage.

Normalement, vous devez voir les erreurs calculées sur les neurones de sortie qui diminuent au fur et à mesure des itérations d'apprentissage.

Output 0: 0.8208654022905189 Error 0: 0.17913459770948115
Output 1: 0.7666904852805434 Error 1: -0.7666904852805434

Input Data:

1	0	1	0

Target Data:

1	0

Reset	Learn	Propagate

Fig. 45. Affichage de la page *SimpleNet.html* après avoir cliqué sur *Reset*, *Propagate* et *Learn*.

Évidemment, il convient d'apprendre au réseau plusieurs configurations, si l'on souhaite résoudre correctement le problème et vérifier que le réseau est capable non seulement de reconnaître ce qu'on lui a appris, mais aussi de généraliser sur les configurations non apprises.

Aussi, nous recommandons au lecteur désireux d'aller plus loin d'effectuer de nombreux tests et de modifier à loisir le code de la page afin d'en améliorer l'ergonomie et le fonctionnement, notre objectif étant ici d'obtenir une base de départ la plus simple et la plus compréhensible possible.

Conclusion de l'expérimentation

Après avoir effectué de multiples tests, vous devriez ressentir deux sentiments contradictoires.

Le premier est la satisfaction d'avoir compris les principes d'un réseau de neurones à couches.

Le second est la perplexité sur votre capacité à entraîner correctement le réseau, même sur un exemple pédagogique simple comme celui que nous avons proposé.

Pas de panique ! C'est tout à fait normal. Pour conclure ce chapitre, nous allons faire deux constatations qui expliquent les causes de ces deux sentiments.

La première constatation est la simplicité du code qui contraste avec l'idée préconçue que l'on peut se faire des réseaux de neurones. Le programme est simple, car la structure d'un réseau à couches est constituée d'unités simples organisées en couches régulières. Les structures de données mises en œuvre sont majoritairement de « simples » tableaux de valeurs numériques. En outre, les calculs sont limités à des multiplications, divisions, additions et soustractions, si l'on met de côté la fonction d'activation sigmoïde. Le programme effectue essentiellement des boucles d'itérations sur les couches et les neurones. Il pourrait être encore simplifié en utilisant une librairie de calcul matriciel, mais notre objectif ici est de montrer le type et la forme de calcul induit par un réseau de neurones. En résumé, un réseau de neurones est simple à comprendre et à programmer !

La seconde constatation concerne le processus d'apprentissage. Une idée reçue est qu'il est relativement facile d'entraîner un réseau de neurones. Si l'exploitation du réseau ne pose strictement aucune difficulté, il n'est pas si évident d'entraîner le réseau correctement, comme vous avez dû vous en rendre compte.

En effet, l'algorithme de rétropropagation du gradient de l'erreur a le défaut d'être capricieux. Il est très sensible aux conditions de son exécution. Il existe en pratique un nombre important de raisons qui peuvent freiner ou même empêcher sa convergence vers des solutions correctes, c'est-à-dire celles pour lesquelles le réseau reconnaît et classe efficacement ce qu'on lui présente.

Les deux causes les plus courantes sont le « surapprentissage » (*overfitting*) et la disparition du gradient (*vanishing gradient*). Dans le premier cas, le réseau est surentraîné et, s'il reconnaît parfaitement les données qu'on lui a apprises, il est par contre incapable de généraliser sur des configurations proches. Dans le second cas, le réseau n'est pas capable d'apprendre correctement. Le problème provient du fait qu'avec une fonction d'activation telle que la fonction logistique que nous avons utilisée ici, le gradient de l'erreur décroît exponentiellement à mesure que l'on se rapproche de la couche d'entrée. Ceci a pour conséquence de ralentir fortement l'apprentissage par des successions de corrections infimes, voire d'empêcher carrément sa convergence. Pour tenter de diminuer ce problème, il faut choisir un taux d'apprentissage adapté au problème à traiter. Dans de nombreux cas, il peut être nécessaire d'utiliser un taux variable.

Une solution complémentaire consiste à choisir une autre fonction d'activation, plus adaptée au problème à traiter. Comme nous l'avons évoqué dans la première partie, il existe en effet plusieurs candidates possibles pour la fonction d'activation. Outre la fonction sigmoïde que nous avons utilisée dans nos exemples, la fonction suivante est fréquemment préférée :

$$y = 1{,}7159 \tanh(2/3\ x)$$

où *tanh* est la fonction tangente hyperbolique. Celle-ci converge plus rapidement que la fonction logistique, mais elle demande en contrepartie plus de capacités de calcul.

Outre le choix d'une fonction d'activation adaptée, celui des données d'apprentissage est également déterminant. En pratique, il est nécessaire que les exemples contiennent un maximum d'information et qu'ils soient décorrélés, dans la mesure du possible. Cela consiste à sélectionner des exemples qui ne se ressemblent pas trop ou qui appartiennent à des classes différentes, et qui génèrent des erreurs importantes plutôt que des erreurs infimes. Évidemment, ils doivent refléter parfaitement la tâche que l'on souhaite confier au réseau.

Il est souvent nécessaire également de prétraiter les entrées, de façon à les normaliser. Dans tous les cas, il faut que les valeurs calculées restent dans l'échelle de la fonction d'activation, généralement entre -1 et +1. De ce fait, on ajoute fréquemment un lien supplémentaire aux neurones appelé « biais » dont la valeur du signal est fixée de manière à adapter les valeurs à la fonction d'activation utilisée.

Enfin, il existe plusieurs variantes de l'algorithme dans son mode d'exécution. Les plus répandues sont les versions appelées *batch* et *online*.

Dans le premier cas, toutes les données

d'apprentissage sont présentées successivement et les gradients sont cumulés avant de mettre à jour les poids synaptiques en une seule passe.

Dans la seconde version, appelée également « stochastique », à chaque phase d'apprentissage une donnée est choisie aléatoirement parmi le jeu disponible et celle-ci est utilisée seule pour calculer le gradient et mettre à jour les poids synaptiques. Le gradient moyen résultant ainsi obtenu est bruité, ce qui peut représenter un avantage, car au final, l'apprentissage est généralement plus rapide et avec de meilleures solutions.

Tout ce que nous venons de préciser ne concerne que les réseaux à couches entraînés avec l'algorithme de rétropropagation de l'erreur. D'autres formes existent avec de multiples variantes ou sophistication du principe de base. C'est cette multiplicité des choix possibles pour une application qui rend les réseaux de neurones délicats à mettre en œuvre opérationnellement. Certains diraient que leur mise au point relève autant de l'art que de la science. La théorie est en effet très importante, mais il est tout aussi indispensable d'avoir un sens pratique aiguisé par l'intuition et l'expérience.

Résumé d'étape

- Du fait de leur structure régulière, les réseaux de neurones à couches sont simples à programmer. En outre, les calculs à effectuer sont également élémentaires. La seule procédure potentiellement gourmande est la fonction d'activation.

- Toutefois, la procédure d'apprentissage par rétropropagation du gradient de l'erreur demande un très grand nombre d'itérations de calcul pour converger vers une solution efficace, lorsque celle-ci existe.

- La mise au point du réseau pour une application réaliste, en particulier l'apprentissage, reste une étape délicate qui demande de l'expérience. Elle implique de nombreux tests successifs afin de définir les meilleurs paramètres et les données adéquates.

Références

LeCun, Y., Bottou, L., Orr, G.B., Müller, K.-B., 1998. Efficient Backprop, *Neural Networks: tricks of the trade*, Springer.

5

L'apprentissage profond

Qu'est-ce que le Deep Learning ?

Dans les parties précédentes, nous nous sommes focalisés sur la forme classique et la plus courante d'un réseau de neurones : une structure à trois couches non rebouclées, dont une couche cachée.

Nous avons vu que, malgré sa simplicité structurelle, l'apprentissage d'un tel réseau reste 6une procédure délicate, dont le succès dépend largement du type d'application, des données disponibles et du choix des paramètres.

Lorsque l'on entraîne un réseau avec des données d'entrées et les sorties correspondantes connues, on parle d'apprentissage *supervisé*. Il existe d'autres formes d'apprentissages, en particulier *non supervisés*, que nous évoquerons plus loin. Mais dans tous les cas, il ne s'agit pas d'apprentissage *autonome*, c'est-à-dire sans aucune supervision humaine. Cet objectif reste un problème en grande partie non résolu.

Un réseau de neurones comprenant un faible nombre de couches cachées, une ou deux en pratique, est appelé un réseau *peu profond* (*shallow network*). Les usages de tels réseaux sont généralement limités à des applications relativement simples.

Or, les applications réalistes sont bien souvent assez complexes et nécessitent donc des structures de réseau avec un nombre de couches plus conséquent. Malheureusement, plus le nombre de couches augmente et plus les problèmes de surajustement (*overfitting*) et de disparition des gradients (*vanishing gradient*) deviennent importants, voire rédhibitoires, sans parler des temps de calcul qui explosent.

Le *Deep Learning*, ou « apprentissage profond », correspond donc aux recherches permettant d'entraîner un réseau comprenant plusieurs couches internes et potentiellement un grand nombre. On utilise le terme « profond » pour évoquer la « profondeur » du réseau, c'est-à-dire son nombre de couches. Les chercheurs s'intéressent au *Deep Learning* depuis 1986 environ, voire auparavant, mais ce n'est qu'à partir de 2006 et surtout avec les progrès réalisés dans les années 2010 que les choses ont réellement changé.

Que s'est-il passé ?

Tout a commencé par une publication de l'équipe de Geoffrey Hinton (encore lui) en 2006. Celle-ci montrait comment préentraîner un réseau de plusieurs couches avec une approche non supervisée et progressive, c'est-à-dire en procédant couche par couche, puis en terminant l'apprentissage par une procédure de rétropropagation, supervisée cette fois.

Toutefois, la véritable origine des progrès fulgurants qui allaient survenir à partir de 2012 ne se trouve pas dans une nouvelle avancée théorique, mais dans deux découvertes empiriques qui allaient révolutionner le domaine.

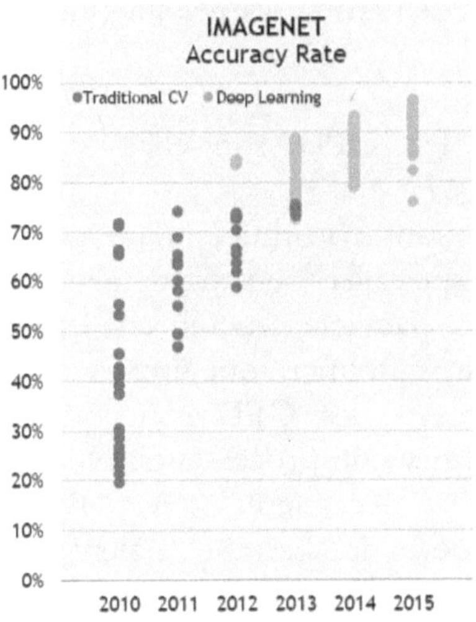

Fig. 46. Les performances en termes de taux de reconnaissance sur la base d'images de référence ont progressé significativement à partir de 2012 (Source présentation Nvidia au CES en 2016).

(1) D'une part, il apparut qu'il valait mieux entraîner les réseaux sur de très grands jeux de données plutôt que sur des jeux de données plus réduits.

(2) D'autre part, les problèmes de puissance de calcul nécessaire pour les phases d'apprentissage furent résolus par l'utilisation astucieuse de GPU (*Graphical Processing Unit*), c'est-à-dire les cartes graphiques des ordinateurs.

Les GPU ont permis en effet d'accélérer très fortement les phases d'apprentissage sur des ensembles de données plus conséquents, pour des coûts très raisonnables. Ainsi, de très nombreux laboratoires se sont équipés et ont pu ainsi multiplier les expérimentations. Par conséquent, les recherches ont progressé rapidement et les résultats ne se sont pas fait attendre.

Pourquoi les GPU sont-elles si efficaces pour l'apprentissage ?

Les GPU sont constituées d'un grand nombre de processeurs spécialisés en traitement des images et travaillant en parallèle (merci en particulier au jeu vidéo !). Pour simplifier, une image étant en fait un tableau de pixels, les GPU sont organisées sous la forme de matrices de processeurs. Nous avons vu que les calculs nécessaires à l'algorithme de rétropropagation de l'erreur étaient essentiellement constitués de calcul matriciel sur les tableaux des poids synaptiques. Bingo ! Moyennant quelques adaptations, les environnements de développement des réseaux de neurones tirèrent parti rapidement des cartes graphiques, diminuant ainsi très fortement les temps de calcul qui auparavant étaient souvent rédhibitoires.

Suite à ces avancées, les grandes entreprises du Web se sont rendu compte du potentiel du *Deep Learning* et elles ont commencé à investir de manière très importante. En particulier, Google a embauché Geoffrey Hinton, et Facebook le français Yann LeCun, les deux chercheurs précurseurs et parmi les plus réputés du domaine.

Extraire des caractéristiques

L'un des premiers domaines d'application à bénéficier de ces découvertes fut la reconnaissance d'images.

Même une « petite » image de 512 pixels de côté, par

exemple, correspond à un total de 512 * 512 pixels, soit 262 544 pixels. Si nous connectons chaque pixel à un neurone d'une couche d'entrée et que la couche interne comporte, disons 512 neurones, cela donne 512 * 262 544, soit 134 422 528 poids synaptiques pour une seule couche...

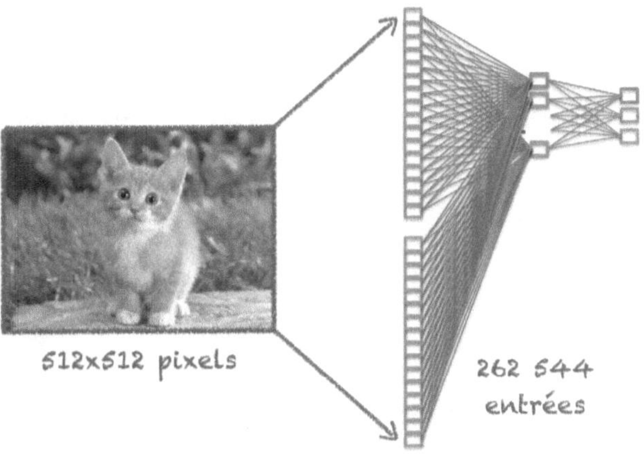

Fig. 47. Une architecture naïve pour la reconnaissance d'image : on vectorise l'ensemble des pixels en une couche d'entrée du réseau.

Cela fait beaucoup de paramètres pour un (petit) réseau de neurones !

On imagine aisément que ce n'est pas la bonne approche. Pour résoudre ce problème, il faut être capable d'extraire de l'image des caractéristiques pertinentes pour les présenter ensuite à un réseau plus à même de les reconnaître et de les classer.

Dans le passé, on a longtemps essayé d'effectuer ces prétraitements de l'image par des procédures spécifiques développées à la main pour chaque caractéristique. Cette approche fonctionne, mais les solutions sont longues à développer et à chaque fois différentes d'une application à une autre.

L'idée centrale des réseaux *convolutifs* est de concevoir une architecture comprenant des couches dédiées qui vont apprendre ces prétraitements au lieu de les coder, afin d'extraire les caractéristiques de l'image. Celles-ci sont ensuite transmises à un réseau plus classique qui effectue la phase de reconnaissance.

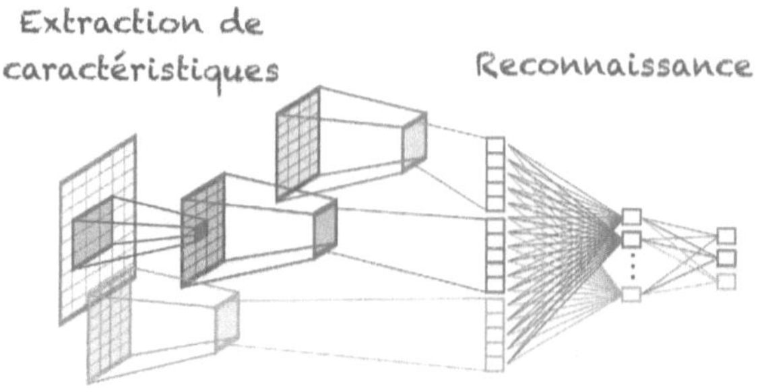

Fig. 48. Architecture d'un réseau de neurones convolutif profond pour la reconnaissance d'images.

Ce n'est ni plus ni moins que l'application de la vieille devise « diviser pour régner » : transformer un gros problème en une succession d'étapes plus petites et plus faciles à résoudre.

Une autre façon de décrire cette approche est de la voir comme une décomposition hiérarchique du processus de reconnaissance, où chaque couche participe à la création de représentations de plus en plus abstraites et conceptuelles. Nous reviendrons plus loin sur le principe des réseaux convolutifs, car ils sont très efficaces pour les applications de reconnaissance dans une image, mais pas seulement.

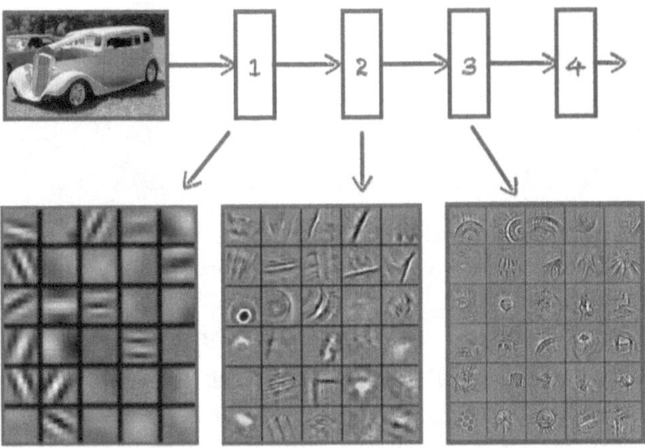

Fig. 49. Visualisation des caractéristiques extraites par chaque couche de neurones dans un réseau convolutif.

L'importance des données

Comme nous l'avons évoqué, une des avancées pragmatiques cruciales a été de se rendre compte qu'il valait mieux augmenter le nombre des exemples d'apprentissage, plutôt que vouloir effectuer des prétraitements pour résoudre les problèmes d'invariance d'échelle, de translation ou de rotation.

En effet, un réseau de neurones ne sait pas reconnaître des formes dans une image qui sont transformées par translation, rotation ou changement d'échelle. Autrement dit, un chat à droite ou à gauche de l'image, plus loin ou plus près, ne sera pas reconnu comme la même forme, même si c'est exactement le même chat.

Fig. 50. Pour un réseau de neurones, ces deux images sont différentes, même si le chat est bien le même.

En fait, même s'il faut sélectionner avec soin les images du jeu d'apprentissage, il vaut mieux en avoir un grand nombre de manière à couvrir tous les cas. Ainsi, le jeu de données *ImageNet* qui est devenu une référence comprend environ 1 500 000 images annotées !

Dans un article de 2014, Geoffrey Hinton indiquait qu'à cette époque, la base de données d'apprentissage de Google comprenait environ 100 millions d'images annotées et plus de 18 000 classes.

En d'autres termes, il vaut mieux avoir des images avec le chat dans tous ses états, plutôt que d'appliquer des prétraitements pour repositionner le chat dans une position idéale.

Pour améliorer les performances d'une application, il vaut donc mieux augmenter le volume des données d'apprentissage que chercher à tout prix un meilleur algorithme. D'où l'aphorisme :

Ce n'est pas forcément celui qui a meilleur algorithme qui gagne, c'est celui qui a le plus de données.

Fig. 51. Il vaut mieux multiplier les données afin de réduire la complexité des prétraitements. Ici une partie de la base CIFAR-10.

Cet accroissement massif du nombre des données d'apprentissage est devenu possible : d'une part, du fait des données disponibles sur Internet et, d'autre part, de l'utilisation de cartes GPU ultra-performantes qui ont permis de faire face à l'augmentation des calculs nécessaires.

Les progrès de l'apprentissage profond

Oui, mais tout cela ne résout pas le problème de l'algorithme d'apprentissage...

En effet, nous avons vu dans les parties précédentes que la méthode de rétropropagation de l'erreur était assez délicate à mettre au point, et que le fait d'ajouter des couches rendait le problème pratiquement insoluble.

Comment faire alors ? Quelle est la solution ?

L'approche classique consiste à initialiser les paramètres du réseau, les poids synaptiques, de manière aléatoire, puis de procéder à une longue et délicate phase d'apprentissage supervisée. Par ce terme, il faut comprendre que le réseau est incapable d'apprendre seul et qu'il faut un expert, parfois une équipe entière, pour mettre au point, pas à pas, les paramètres nécessaires.

Les découvertes faites par l'équipe de Geoffrey Hinton et plusieurs autres chercheurs ont permis d'élaborer des stratégies d'apprentissage plus efficaces. Dans les grandes lignes, le principe de ces stratégies repose sur deux phases successives :

(1) dans un premier temps, chaque couche du réseau est préentraînée (initialisée) l'une après l'autre de manière non supervisée ;

(2) dans un second temps, on réalise une phase d'apprentissage supervisée par rétropropagation de l'erreur de manière à optimiser les paramètres sur l'ensemble des couches.

Cette approche a prouvé son efficacité, en particulier avec des couches de neurones appelées « auto-encodeurs » (*autoencoders*). Il s'agit d'un type de réseau particulier comportant une couche d'entrée et de sortie comprenant un même nombre de neurones, mais avec une couche cachée plus restreinte. De cette manière, le réseau « encode » ses entrées en réduisant l'information. En entraînant un autoencodeur sur un volume important de données et où les sorties désirées sont les données d'entrée, on obtient de bons « extracteurs » de caractéristiques propres au jeu de données présenté. Dans les cas où l'autoencodeur ne fait que reproduire ses entrées, on duplique les données en leur ajoutant du bruit.

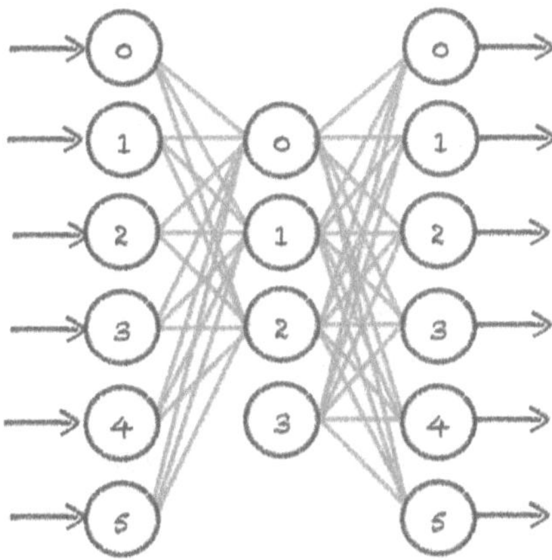

Fig. 52. Architecture typique d'un réseau « autoencodeur ». Le neurone 3 de la couche interne réalise un biais sur la couche de sortie.

Dans certaines applications, les architectures utilisent également des couches de traitement avec des paramètres fixes. Dans d'autres cas, la seconde phase d'apprentissage n'intervient que sur les couches terminales du réseau, laissant les autres avec les paramètres acquis lors de la première phase non supervisée.

De fait, le *Deep Learning* n'est pas caractérisé par une seule architecture et une unique approche « magique » pour l'apprentissage. Il s'agit plutôt d'une classe de systèmes avec leur propre méthode d'apprentissage associée.

Une autre façon de voir une architecture *Deep Learning* est de la considérer comme nous l'avons fait au début de ce livre : elle élabore un modèle approché du système que l'on souhaite prédire ou classer. Ce modèle comprend un nombre très important de paramètres qui correspondent aux poids synaptiques. La mise au point de ce modèle s'effectue par expérimentations successives à partir des données que l'on possède. Ces phases expérimentales d'apprentissage peuvent durer des heures, des jours, parfois même des semaines !

Il est donc très important d'être capable de sauvegarder les versions successives du modèle (*checkpoints*), c'est-à-dire des paramètres du réseau pour capitaliser, voire repartir de versions antérieures si nécessaire. De même, les outils de visualisation des données, en particulier issues des couches internes du réseau, se révèlent d'une aide cruciale pour évaluer la progression de l'apprentissage.

Nous sommes donc très loin de l'image, pourtant répandue, d'un système intelligent et autonome qui apprendrait seul en lui montrant simplement quelques images !

Résumé d'étape

- Le *Deep Learning* ou « apprentissage profond » est une famille d'algorithmes d'apprentissage (*machine learning*) pour entraîner des réseaux de neurones composés de plusieurs couches internes et potentiellement un grand nombre.

- Le *Deep Learning* permet des architectures hiérarchiques qui élaborent des représentations successives. Ces représentations sont transmises ensuite à un réseau de neurones plus classique qui est alors plus efficace.

- Les jeux de données d'apprentissage sont primordiaux. Il vaut mieux avoir un très grand nombre de données plutôt qu'un petit nombre qui imposerait des prétraitements lourds et délicats.

- La disponibilité à des coûts abordables des cartes graphiques GPU a permis de résoudre le problème de la puissance de calcul nécessaire en réduisant drastiquement la durée des phases d'apprentissage.

- Un des principes de l'apprentissage profond repose sur deux phases : (1) chaque couche est préentraînée l'une après l'autre de manière non supervisée ; (2) les paramètres sont optimisés par une phase d'apprentissage supervisée par rétropropagation de l'erreur.

Les convolutions

Nous avons évoqué précédemment les réseaux de neurones convolutifs pour les applications de traitement et de reconnaissance des images. Cette catégorie de réseau est l'une des plus utilisées compte tenu des excellents résultats obtenus.

Une convolution est un processus de calcul simple qui permet d'effectuer des traitements sur les images. La plupart des filtres sur le logiciel *Photoshop* sont conçus de cette manière, par exemple : flou, accentuation, extraction de contours, etc.

Le principe d'une convolution est, une fois de plus, basé sur des matrices. Ce n'est pas étonnant, car une image n'est rien d'autre qu'une grosse matrice de pixels.

Chaque pixel étant équivalent à une valeur numérique, il s'agit de calculer une nouvelle valeur en se basant sur sa propre valeur et sur celles des pixels qui l'entourent. Si on ne considère que les pixels contigus, on parle alors de voisinage 3x3, car il n'y a en tout que 9 pixels dans une telle matrice. Toutefois, on peut également utiliser des voisinages de taille supérieure, 5x5 par exemple.

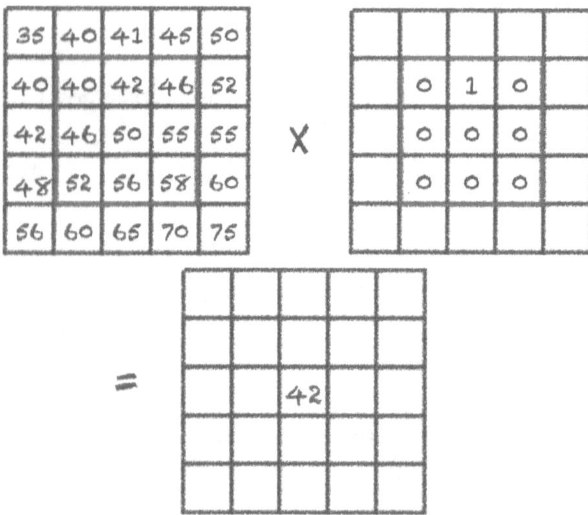

Fig. 53. Exemple d'une convolution sur une image (à gauche) avec un masque 3x3 (à droite).

Chaque pixel du voisinage est affecté d'un coefficient. La matrice des coefficients est appelée le « masque de convolution ». La valeur finale du pixel est obtenue en tenant compte du voisinage défini par le masque et ses coefficients. Plus précisément, on multiplie la valeur de chaque pixel pris en compte par la valeur correspondante du masque de convolution et on additionne l'ensemble. La valeur obtenue est la valeur du pixel final.

Les réseaux convolutifs

Pas besoin d'être un grand détective pour se rendre compte que ce type de traitement rappelle évidemment le fonctionnement d'un neurone formel dont les poids synaptiques correspondraient aux coefficients du masque de convolution.

L'idée est donc de « paver » l'image de départ, c'est-à-dire de la découper en petites zones appelées « tuiles ». Chaque tuile est traitée individuellement par un neurone, qui effectue une opération de filtrage classique en associant un poids à chaque pixel de la tuile. Tous les neurones ont donc les mêmes paramètres, ce qui permet d'obtenir le même traitement pour tous les pixels de la tuile. On peut évidemment fixer les paramètres d'une couche de convolution pour obtenir un traitement particulier, mais l'intérêt est surtout d'apprendre au réseau les traitements à effectuer. Comme les neurones d'une tuile partagent les mêmes paramètres et que leur connectivité est réduite à cette tuile, l'apprentissage en est grandement simplifié.

Basée sur ce principe, une architecture de « réseau convolutif profond » peut donc être formée par un empilement de couches de traitement indépendantes qui vont réaliser les différentes étapes d'extraction de caractéristiques de l'image, puis fournir les résultats à un réseau totalement connecté qui effectuera la reconnaissance finale.

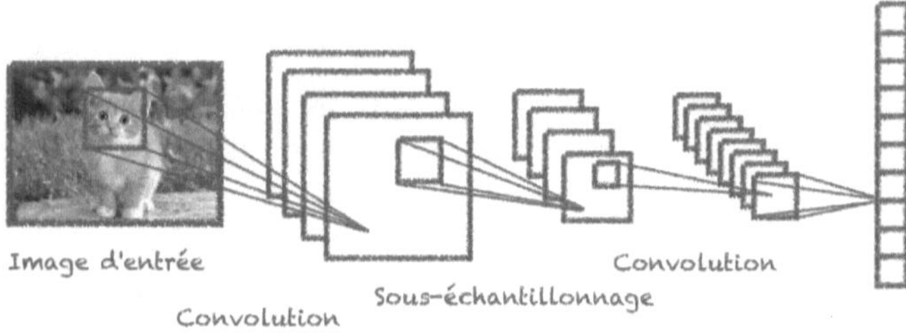

Fig. 54. Une architecture typique de réseau de neurones convolutif profond avec sa succession de tuiles de convolution (*feature map*) puis de sous-échantillonnage (*pooling*).

En pratique, un tel réseau peut être conçu comme un jeu de « Lego », mais avec des couches de neurones à la place des briques. Les « briques » les plus utilisées sont les suivantes :

(1) Les couches de *convolution* qui traitent les données provenant d'une partie de l'image.

(2) Les couches de *pooling* qui compressent l'information en réduisant la taille de l'image intermédiaire par sous-échantillonnage (*subsampling*).

(3) Les couches de correction *relu* (ReLU pour Unité de Rectification Linéaire) qui applique une fonction mathématique sur chaque signal de sortie d'une couche, généralement $y = \max(0, x)$. Il s'agit en fait, ni plus ni moins, que d'une fonction d'activation.

(4) Les couches *fully connected* qui correspondent à des couches classiques de neurones formels totalement connectés.

(5) Une couche *loss* (perte) qui est la dernière du

réseau. Elle spécifie comment l'entraînement du réseau pénalise l'écart entre le signal de sortie prévu et réel. Une des plus utilisées est la fonction *softmax* pour prédire une seule classe parmi plusieurs classes mutuellement exclusives. D'autres permettent de prédire plusieurs valeurs de probabilité indépendante, ou bien encore pour régresser vers des valeurs réelles.

Résumé d'étape

- Les réseaux de neurones convolutifs sont des réseaux profonds particulièrement bien adaptés aux applications de traitement d'image et de traitement du signal.

- Ils peuvent être construits en empilant des couches de traitement jusqu'aux couches finales qui effectuent la tâche de régression ou de classification.

- Le partage des paramètres (*parameter sharing*) et la connectivité plus réduite des couches de convolution facilitent l'apprentissage et l'exploitation du réseau.

Les applications du Deep Learning

Les applications les plus classiques et évidentes du *Deep Learning* concernent la reconnaissance de formes dans un signal comme l'image ou la parole. Mais son domaine d'application est, dans les faits, bien plus large !

En effet, dès que l'on veut concevoir une application (ou une partie de cette application) pour laquelle :

(1) on ne connaît pas de modèle satisfaisant, ou bien celui-ci est trop complexe ou coûteux à analyser avec une approche classique,

(2) mais pour laquelle on peut obtenir un nombre important de données,

alors le *Deep Learning* est une solution qui peut être envisagée.

Toutefois, la mise en œuvre opérationnelle d'une telle approche demande un développement conséquent et des investissements non négligeables. Il faut en effet recruter des praticiens spécialistes de ces technologies avec une bonne expérience, ou bien sous-traiter le projet à des sociétés de service spécialisées.

Quoi qu'il en soit, depuis quelques années, les applications se sont généralisées dans de nombreux secteurs : le marketing prédictif et la relation client, la robotique, les véhicules autonomes, la santé, la finance et l'assurance, etc., pour ne citer que quelques exemples.

On trouve même des applications du *Deep Learning* dans le domaine artistique avec des systèmes capables de produire des textes, des images étranges ou figuratives, des vrais faux tableaux de maîtres, de la musique, etc.

Pas un domaine aujourd'hui ne semble pouvoir échapper au *Deep Learning* et parfois avec des résultats spectaculaires, comme la victoire d'*AlphaGo* sur l'un des meilleurs joueurs mondiaux de Go en 2016 !

Fig. 55. Un exemple d'image générée par un réseau de neurones profond qui évoque un rêve peuplé de créatures étranges.

Des progrès encore nécessaires

Cet engouement pour le *Deep Learning* ne signifie pas pour autant que la recherche ait abouti à des solutions définitives ou totalement satisfaisantes. Il existe de nombreux sujets pour lesquels des progrès importants peuvent et doivent encore être obtenus.

Ainsi, l'apprentissage des réseaux de neurones reste une tâche longue et délicate qui nécessite des spécialistes. Un apprentissage plus autonome et plus naturel est encore un véritable challenge. Nous sommes en effet très loin des capacités d'apprentissage de notre propre cerveau. Alors qu'un réseau de neurones artificiels nécessite un volume considérable de données, nous sommes capables d'apprendre et de généraliser à partir de seulement quelques exemples. Autrement dit, notre cerveau ne fonctionne pas comme une rétropropagation des gradients d'erreur.

En outre, la majorité des réseaux actuels n'a pas à

proprement parler de mémoire : ils calculent à chaque fois leurs sorties en propageant les données, même si on leur présente plusieurs fois les mêmes entrées. De ce point de vue, ils ne sont pas très intelligents ! Plus généralement, ils manquent cruellement de sens commun. Ils sont très efficaces dans leur « monde de données », mais ils n'ont aucun vécu, ni la relation au monde réel que nous avons. En d'autres termes, ils ne sont pas vivants !

Pour certains types d'applications, il est nécessaire d'être capable d'expliquer (voire de prouver) comment le système a obtenu sa réponse. Or, un réseau de neurones est comme une « boite noire » qui exécute un nombre considérable de calculs à partir de plusieurs millions de paramètres que sont les poids synaptiques. Là aussi, des progrès sont nécessaires, tant sur le plan théorique que pratique.

Bien que ce ne soit pas un problème spécifique aux réseaux de neurones, il faut également prendre garde aux biais éventuellement présents dans les données d'apprentissage. En effet, celles-ci ont une tendance à refléter les biais de notre société humaine. Ainsi, un réseau « éduqué » sans précaution prise au niveau des données reproduira systématiquement ces biais.

Enfin, les réseaux actuels peuvent se tromper en altérant les entrées, par exemple en ajoutant du bruit ou bien des motifs spécifiques dans une image. De ce fait, ils peuvent être manipulés ou détournés par des personnes ou des programmes mal intentionnés. Là encore, des progrès pour les rendre plus robustes et sûrs sont nécessaires.

Un domaine de recherche foisonnant

Dans cet ouvrage, nous n'avons abordé qu'une partie très réduite des travaux sur les réseaux de neurones. Il existe bien d'autres modèles, comme le montre la figure suivante.

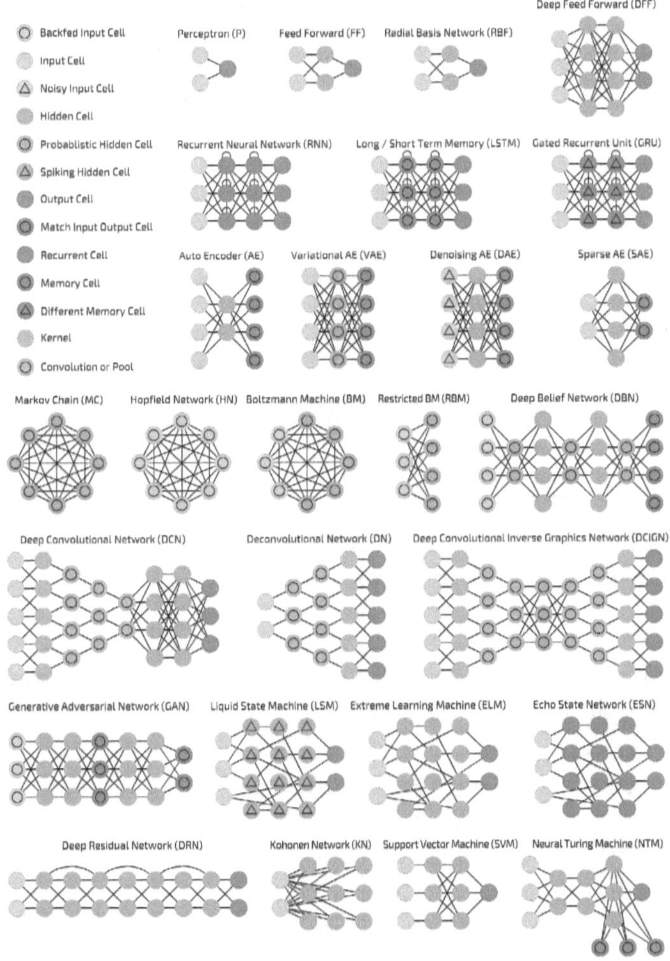

Fig. 56. Les principales topologies des réseaux de neurones artificiels (Source Asimov Institute, Neural Network Zoo).

Parmi les types de réseaux les plus en vogue, citons les réseaux récurrents (c'est-à-dire avec des rebouclages), les réseaux à mémoire (*Long / Short Term Memory*), les réseaux adversaires génératifs (*Generative Adversarial Networks*), etc.

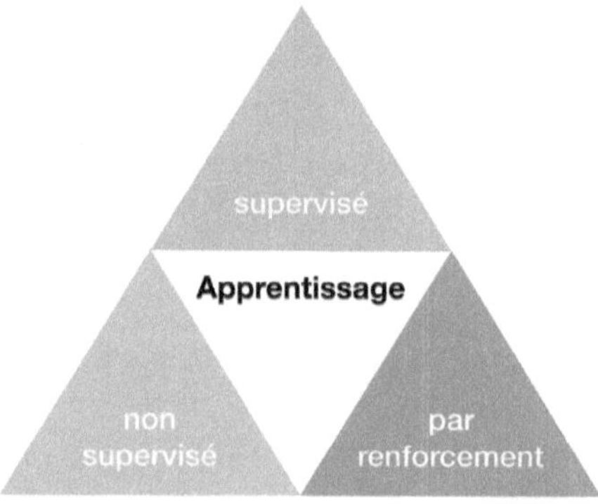

Fig. 57. Les trois grandes formes d'apprentissage pour les réseaux de neurones artificiels.

Nous n'avons également évoqué que le principe de l'apprentissage supervisé (*Supervised Learning*) dans lequel on entraine le réseau en lui présentant les données d'entrée et en imposant les sorties désirées. Deux autres formes sont largement étudiées : l'apprentissage non supervisé (*Unsupervised Learning*) où le réseau évolue librement en fonction des données d'entrée, et l'apprentissage par renforcement (*Reinforcement Learning*) où le réseau est récompensé lorsqu'il se comporte de manière adéquate. Enfin, des avancées intéressantes ont été obtenues en générant les topologies et les paramètres des réseaux de neurones avec des algorithmes évolutionnaires, c'est-à-dire des programmes inspirés par l'évolution biologique.

Les secrets d'AlphaGo

L'un des résultats parmi les plus spectaculaires du *Deep Learning* fut sans aucun doute la victoire d'*AlphaGo* sur Lee Sedol, l'un des meilleurs joueurs de Go en 2016. Pourquoi ?

Le jeu de référence en IA a toujours été le jeu d'échecs, car il représente l'un des symboles de l'intelligence humaine. Toutefois, après la victoire de *Deeper Blue* en 1997 sur le champion du monde d'échecs Harry Kasparov, le jeu de Go était devenu le nouvel enjeu. En effet, sa combinatoire est bien plus importante que celle des échecs. Elle est telle qu'il n'est pas envisageable d'utiliser uniquement la puissance de calcul d'un super-ordinateur pour battre les meilleurs joueurs mondiaux. Le Go réclame non seulement une grande expérience, mais aussi de l'intuition et de la créativité. Aussi, ce fut une surprise lorsque le programme *AlphaGo* conçu par une équipe de recherche de DeepMind remporta le match contre l'un des maîtres du Go.

Le principe à la base d'*AlphaGo* est complexe à appréhender, car c'est un système hybride et ingénieux qui bénéficie de plusieurs avancées algorithmiques. Il est basé sur deux approches complémentaires :

(1) *Anticiper* les prochains coups en effectuant un parcours de l'arbre des possibilités en sélectionnant les déplacements qui conduisent à de bonnes positions.

(2) Évaluer chaque position en se fondant sur une *intuition*, c'est-à-dire une estimation de sa capacité à mener à une victoire ou une défaite.

La partie « anticipation » est réalisée par une méthode appelée *Monte-Carlo Tree Search*. Il ne s'agit pas d'un réseau de neurones, mais d'un algorithme relativement classique de parcours de l'arbre des positions possibles qui a montré son efficacité par le passé pour le jeu de Go. Son nom fait allusion aux jeux de hasard pratiqués dans les casinos, en particulier à Monte-Carlo. Le principe est de simuler des parties entières en sélectionnant des déplacements aléatoires. Le résultat de chacune de ces parties est utilisé pour évaluer et mettre à jour par rétropropagation le poids des nœuds dans l'arbre des possibles. De cette manière, les meilleures positions sont favorisées lors des simulations suivantes.

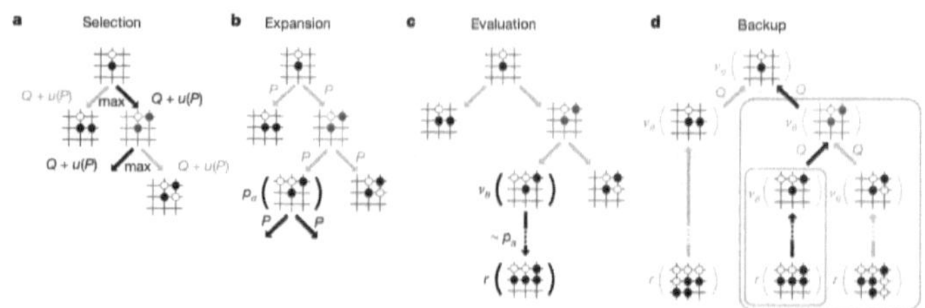

Figure 58. *AlphaGo* est basé sur une architecture de recherche arborescente de type « Monte-Carlo » (Source Nature).

La partie « intuition » quant à elle, est réalisée par deux réseaux de neurones convolutifs profonds qui guident la recherche dans l'arbre effectuée par l'algorithme de Monte-Carlo. Le premier appelé *Policy Network* a été initialisé aléatoirement puis entrainé sur une base de données de 30 millions de coups réalisés lors de parties réelles. Son objectif est de reproduire le comportement des joueurs humains. Le second réseau appelé *Value Network* a pour objectif de gagner au lieu de perdre. Il a été entrainé en faisant jouer le premier réseau contre lui-même. Les positions ayant contribué à une victoire sont alors favorisées.

AlphaGo combine ces deux réseaux pour guider l'algorithme MCTS. Il utilise le premier (celui qui prédit le mouvement d'un joueur expert) pour sélectionner la meilleure branche de l'arbre des possibles, et le second (celui qui a noté les positions gagnantes ou perdantes) pour évaluer les positions lors de la recherche. C'est cette approche basée sur un parcours d'arbre intelligent qui a permis de battre Lee Sedol.

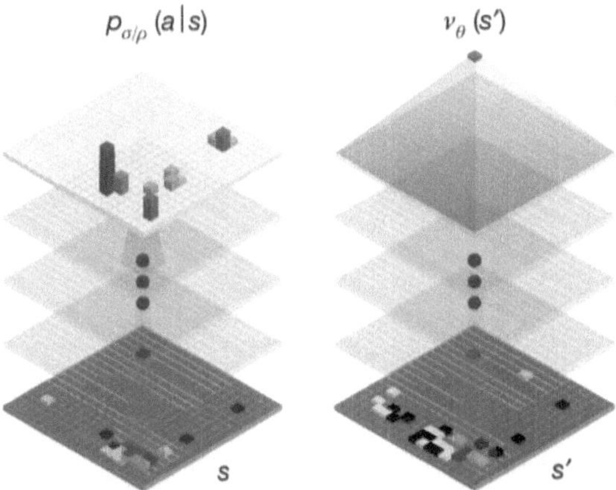

Figure 59. L'algorithme de recherche MCTS d'*AlphaGo* est guidée par deux réseaux de neurones convolutifs profonds. Le premier appelé *Policy Network* a été entrainé sur une imposante base de données de parties jouées par des humains (à gauche). Le second, appelé *Value Network*, évalue la probabilité de victoire ou de défaite (Source Nature).

Quelques mois plus tard, DeepMind annonçait une nouvelle version baptisée *AlphaGo Zero* capable de battre *AlphaGo*. Celle-ci reprenait les mêmes principes, mais avec quelques différences importantes concernant la partie « intuition » de son architecture.

En effet, l'équipe de recherche comprit que quelle que soit l'intelligence du réseau de neurones chargé de l'évaluation des positions (*Value Network*), qu'il soit d'un niveau débutant ou bien expert, celles-ci pouvaient être améliorées par les simulations effectuées par l'algorithme MCTS. En outre, comme pour *AlphaGo*, les parties simulées pouvaient être conduites en faisant jouer le réseau contre lui-même, c'est-à-dire sans faire intervenir une base de données de coups joués par des humains. Autrement dit, le réseau de neurones fut entrainé à sélectionner les déplacements dont les évaluations effectuées par l'algorithme MCTS conduisaient à une victoire pendant les parties simulées contre lui-même.

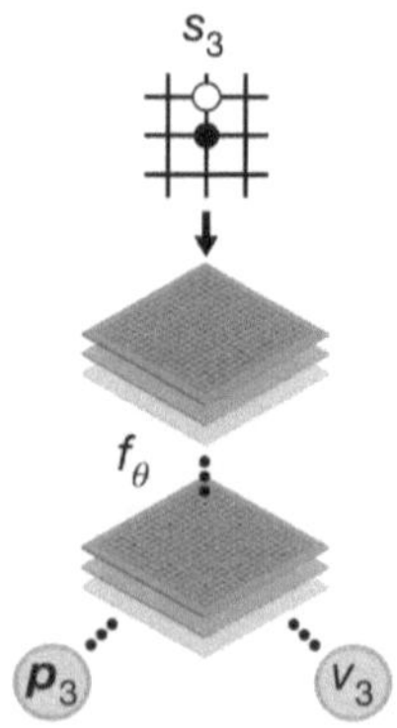

Figure 60. Les deux réseaux de neurones d'*AlphaGo* ont été remplacés dans *AlphaGo Zero* par un seul réseau, mais comprenant deux « têtes » (Source Nature).

La seconde différence importante concerne son architecture. Au lieu de deux réseaux de neurones séparés, celui d'*AlphaGo Zero* est un « monstre à deux têtes ». Il s'agit d'un seul réseau de neurones composé de 40 couches, mais avec deux sorties au lieu d'une. La première produit les probabilités concernant les déplacements et la seconde les probabilités de victoire. Les termes pour cette technique est *Multi-Tasking Learning with Hard Parameter Sharing*. Enfin, *AlphaGo Zero* utilise un type de réseau de neurones plus avancé que son prédécesseur : un réseau résiduel (*Residual Network*) à la place d'un réseau convolutif plus classique.

AlphaGo Zero fut ensuite entrainé de la manière suivante :

(1) Initialiser le réseau de neurones et l'algorithme MCTS.

(2) Laisser jouer le réseau contre lui-même avec 1600 simulations MCTS par déplacement.

(3) Lors des parties, sélectionner 2048 positions parmi les 500 000 parties les plus récentes. Pour chacune de ces positions, mémoriser son score MCTS et si elle conduit à une victoire ou bien une défaite.

(4) Entrainer le réseau de neurones en utilisant ces deux informations.

(5) Toutes les 1000 itérations des étapes (3) et (4), évaluer le réseau courant contre le meilleur des réseaux précédents. S'il gagne au moins 55 % des parties, alors il continue à être utilisé comme étant le meilleur, sinon on reprend le « dernier meilleur » réseau.

Les étapes (3) et (4) doivent être effectuées au moins 700 000 fois et, après trois jours environ, vous obtenez un *AlphaGo Zero* capable de battre n'importe quel humain au jeu de Go !

Pour conclure, il convient de noter que malgré ses capacités exceptionnelles, *AlphaGo* est très spécifique : il ne sait jouer qu'au Go et ne sait rien faire d'autre. Il est le résultat d'une recherche impliquant une équipe d'une vingtaine de chercheurs du plus haut niveau. Bref, la victoire d'*AlphaGo* est la réussite d'une aventure humaine plus que celle d'une machine !

Vers un cerveau artificiel ?

Compte tenu des performances d'un système comme *AlphaGo*, peut-on créer un système ayant les capacités du cerveau humain ou même capable de le dépasser ?

La réponse à cette question, que beaucoup se posent, reste délicate dans l'absolu. En effet, sur des tâches très spécifiques, les réseaux de neurones profonds surpassent déjà une majorité de la population, pour ne pas dire tous les humains. Par contre, comme nous l'avons évoqué, ils sont très mauvais dès qu'il est nécessaire de faire intervenir le sens commun ou le contexte global d'une situation, alors que notre cerveau est capable de s'adapter à pratiquement toutes les situations. Nous sommes donc à des années-lumière de la création d'un cerveau artificiel capable des mêmes prouesses que notre cerveau organique : apprendre sans cesse, effectuer un nombre incroyable de tâches différentes, s'adapter aux situations nouvelles, tirer parti de notre expérience pour imaginer et créer, ressentir des émotions, etc.

Cela ne signifie pas pour autant qu'il soit impossible de l'envisager, du moins en théorie. La science-fiction l'imagine déjà depuis très longtemps. Toutefois, l'incroyable complexité de notre cerveau, sa relation intime avec le corps et la perception du monde qui nous entoure, le fait qu'il soit le résultat de plusieurs millions d'années de coévolution avec l'environnement, sont autant d'arguments pour s'assurer qu'il s'agit d'un projet encore hors de portée. Si un jour un tel système devait exister, il est probable qu'il ne sera pas une copie conforme de notre propre cerveau, mais plutôt une sorte de méta-intelligence émergeant de la coopération de très nombreuses IA, chacune d'elle ayant ses propres domaines d'expertise.

Résumé d'étape

- Les applications du *Deep Learning* sont vastes : il permet de modéliser un processus complexe à partir des données disponibles lorsque le programmer est impossible ou trop couteux.

- Nous ne sommes qu'au début de l'histoire du *Deep Learning* et il reste encore beaucoup à découvrir, tant au niveau théorique que pratique.

- Le *Deep Learning* s'inspire du cerveau, mais il ne permet pas d'envisager, à court ou moyen terme, la création d'un cerveau artificiel capable de rivaliser avec son modèle organique sur l'ensemble de ses propriétés.

Références

LeCun, Y., Bengio, Y., Hinton, G.E., 2015. Deep Learning, *Nature*, 521, 436–444.

Hinton, G.E., Salakhutdinov, R.R., 2006. Reducing the Dimensionality of Data with Neural Networks, *Science*, Vol. 313, Issue 5786, 504–507.

Silver, D. *et al.*, 2016. Mastering the game of Go with deep neural networks and tree search, *Nature*, 529, 484–489.

Silver, D., *et al.*, 2017. Mastering the game of Go without human knowledge, *Nature*, 550, 354-359.

Zeiler, M.D., Fergus, R., 2014. Visualizing and Understanding Convolutional Networks, *ECCV 2014*, Part I, Springer LNCS 8689, 818–833.

6

Le Deep Learning en pratique

La librairie ConvNet.js

Dans ce dernier chapitre, nous allons revenir à une mise en pratique de ce que nous avons appris. Pour ce faire, nous allons créer un réseau de neurones convolutif pour effectuer une tâche de reconnaissance de chiffres manuscrits. Mais rassurez-vous, nous n'allons pas coder au préalable l'ensemble des programmes nécessaires au *Deep Learning* !

Comme nous l'avons évoqué lors du chapitre précédent, élaborer un tel réseau est un peu comme jouer aux *Lego*... mais la condition est d'avoir les bonnes briques. Heureusement pour nous, il existe une librairie *JavaScript* qui va nous permettre d'expérimenter de façon simple, comme avec un jeu de construction et en utilisant uniquement un navigateur Web.

Cette petite « merveille » *JavaScript* s'appelle *ConvNet.js* et elle contient toutes les briques nécessaires à la création d'applications tout à fait opérationnelles. Elle a été conçue par Andrej Karpathy, un ancien étudiant de l'Université de Stanford, devenu l'un des chercheurs parmi les plus connus.

La page du projet *ConvNet.js*, avec plusieurs exemples et sa documentation est à l'adresse suivante :

http://cs.stanford.edu/people/karpathy/convnetjs/

L'ensemble de la librairie *ConvNet.js* tient dans un seul fichier *JavaScript* « minifié » (dont la taille a été réduite) : *convnet-min.js*

Pour les plus avancés et les accrocs au développement sur serveur avec *Node.js*, il existe également une version compatible. En outre, l'ensemble des sources est disponible sur *Github*, une plateforme très connue des développeurs pour partager librement ses projets :

https://github.com/karpathy/convnetjs/

Le logiciel et ses exemples sont utilisables gratuitement sous licence MIT. En résumé, c'est un développement ouvert et libre comme on les aime !

Les classes de ConvNet.js

Mais que contient la librairie *ConvNet.js* ? Avant de passer à la pratique, voyons ce que permet de manipuler la librairie. Encore une fois, rassurez-vous, nous n'utiliserons ensuite que des briques déjà programmées.

La librairie est entièrement basée sur la manipulation d'objets appelés *Vol* pour « volume ». Pour faire simple, il s'agit de « volumes de nombres » que l'on pourrait décrire comme des matrices à trois dimensions. Ce n'est pas si étonnant que *ConvNet.js* soit basé sur des matrices, rappelez-vous le premier chapitre !

Les trois dimensions d'un volume sont : *sx*, *sy*, et *depth*, sa profondeur. Les deux premiers paramètres définissent la forme de la donnée en deux dimensions. Le troisième définit sa « profondeur », autrement dit le nombre de données. Ainsi, par exemple, la ligne suivante crée un objet *Vol* de 32x32x3 nombres en les initialisant aléatoirement :

```
var v = new convnetjs.Vol(32, 32, 3);
```

La ligne suivante crée un volume identique, mais en initialisant tous les nombres à 0 :

```
var v = new convnetjs.Vol(32, 32, 3, 0.0);
```

Ces deux définitions correspondent, par exemple, à des volumes comprenant trois images de 32x32 pixels. Lorsqu'on ne travaille pas avec des images, mais juste avec des valeurs numériques, les volumes peuvent être définis en initialisant *sx* et *sy* à 1, ce qui signifie que chaque donnée ne contient qu'un seul nombre, et en utilisant *depth* pour définir le nombre de données :

```
// un volume de 2 données de 1 valeur
var x = new convnetjs.Vol(1, 1, 2);
```

La librairie permet de structurer les réseaux grâce à deux autres classes importantes : *Layer* et *Net*.

Un réseau *Net* est une liste de *Layer* (couches). Chaque *Layer* prend un *Vol* en entrée et produit un *Vol* en sortie. La première couche doit forcément être une couche d'entrée *input* et la dernière une couche de « perte » (*loss*). Pour une application de classification, cette couche de sortie sera de type *softmax* ou *svm*. Pour une tâche de prédiction, cette couche sera de type *regression*.

La classe *Net* a simplement pour rôle de propager les données de la couche d'entrée vers la sortie et, pendant une phase d'apprentissage, de rétropropager les valeurs pour calculer les gradients. C'est exactement le même type de processus que nous avons codé au cours du chapitre 4 avec les fonctions *propagate()* et *learn()*.

Voici un exemple de code pour créer un réseau classifieur minimal comprenant deux couches, une d'entrée et une de sortie, chacune avec deux neurones :

```
// un tableau pour stocker les couches
var layers = [];

// création de la couche d'entrée
layers.push({type :'input',
  out_sx:1, out_sy:1, out_depth:2});

// création de la couche de sortie
layers.push({type :'svm', num_classes:2});

// création du réseau
var net = new convnetjs.Net();
net.makeLayers(layers);

// création et init. d'un Vol pour les données
var x = new convnetjs.Vol(1,1,2);
x.w[0] = 0.5; x.w[1] = -1.3;

// propage les données dans le réseau
var scores = net.forward(x);

// affiche une valeur du Vol de sortie
console.log('score :' + scores.w[0]);
```

Comme on peut le voir, hors mis les noms spécifiques définis par *ConvNet.js* qu'il faut absolument respecter, le code est parfaitement simple et clair.

Le cadre étant posé, voyons à présent les différentes briques prédéfinies de notre jeu de *Lego* neuronal.

Les couches d'entrée

Ce type de *Layer* a pour rôle de définir la taille du volume d'entrée. Elle doit être la première couche du réseau et elle n'effectue aucune opération. La version courante de la librairie ne supporte que des valeurs numériques réelles. Par définition, comme nous l'avons vu, une couche d'entrée n'a pas de fonction d'activation. L'exemple suivant définit une couche de 1 entrée composée de vingt valeurs :

```
{type :'input', out_sx:1, out_sy:1,
  out_depth:20}
```

Dans ce second exemple, la couche d'entrée correspondant à une image 24x24 pixels RGB, c'est-à-dire comprenant trois valeurs pour chaque pixel :

```
{type :'input', out_sx:24, out_sy:24,
  out_depth:3}
```

Les couches totalement connectées

Ce type de *Layer* correspond à la couche classique entièrement connectée des réseaux de neurones. Chaque neurone réalise la somme de ses entrées pondérées par les poids synaptiques et applique ensuite une fonction d'activation. Avec *ConvNet.js*, vous pouvez choisir la fonction d'activation qui semble la plus adaptée pour l'application.

Il existe d'autres paramètres, mais qui nécessitent une connaissance plus approfondie. Ainsi, le paramètre *drop_prob* définit une probabilité de désactivation aléatoire (*dropout*) de certains neurones pendant l'apprentissage de manière à limiter le problème de surajustement (*overfitting*). Le paramètre *tensor* permet quant à lui de définir une couche utilisant le calcul tensoriel.

En pratique, vous pouvez chaîner plusieurs couches entièrement connectées, généralement entre une et trois. Dans le cas de très larges jeux de données, ce nombre peut être supérieur, mais *ConvNet.js* n'est plus alors forcément la meilleure solution.

Voici quelques exemples de déclarations de couches entièrement connectées. Définition d'une couche linéaire de dix neurones, par défaut sans fonction d'activation :

```
{type :'fc', num_neurons:10}
```

Définition d'une couche de dix neurones avec une fonction d'activation sigmoïde, soit $1/(1+e^{-x})$:

```
{type :'fc', num_neurons:10,
  activation :'sigmoid'}
```

Définition d'une couche de dix neurones avec une fonction d'activation tangente hyperbolique, soit tanh(x) :

```
{type :'fc', num_neurons:10,
   activation :'tanh'}
```

Définition d'une couche de dix neurones avec une fonction d'activation *relu*, soit max($0, x$) :

```
{type :'fc', num_neurons:10,
   activation :'relu'}
```

Définition d'une couche de dix neurones avec une fonction d'activation *maxout*, soit max(x, y) :

```
{type :'fc', num_neurons:10,
   activation :'maxout'}
```

L'activation *maxout* calcule une sortie pour deux entrées, celles-ci doivent donc être forcément en nombre paire. Le paramètre *groupe-size* permet de spécifier le nombre de neurones pour une sortie. Dans l'exemple suivant, une taille de groupe de quatre pour douze neurones indique donc que l'on aura 12 / 4 = 3 sorties :

```
{type :'fc', num_neurons:12, group_size : 4,
   activation :'maxout'}
```

Ce dernier exemple définit une couche totalement connectée de dix neurones avec une fonction d'activation *relu* et une probabilité de désactivation *drop_prob* de 50 % pendant l'apprentissage :

```
{type :'fc', num_neurons:10,
  activation :'relu',
  drop_prob : 0.5}
```

Les couches de sortie

Ce type de *Layer* définit une couche de sortie qui doit être, par définition, la dernière du réseau. Elle permet, selon le type choisi, de classer les données dans un nombre déterminé de catégories ou bien de calculer (régresser) des valeurs numériques.

La couche de type *softmax* donne des probabilités d'appartenance à des classes avec une somme des probabilités égale à 1. Les classes doivent être numérotées en partant de 0. L'exemple suivant définit ainsi une couche de classification avec deux sorties :

```
{type :'softmax', num_classes:2}
```

La couche de type *svm* donne des scores pour chaque classe, mais pas des probabilités. La fonction de perte utilisée est la plus robuste (hinge loss). La ligne suivante définit une couche *svm* avec deux sorties :

```
{type :'svm', num_classes:2}
```

La couche de type *regression* calcule la régression vers un ensemble de valeurs numériques réelles avec une fonction de perte de type L2. En voici un exemple avec trois neurones de sortie :

```
{type :'regression', num_neurons : 3}
```

Les couches de convolution

Pour les applications de reconnaissance d'images, les couches de convolutions sont indispensables. Elles sont similaires aux couches totalement connectées de type *fc*, mais leurs neurones sont reliés localement à un nombre réduit de neurones de la couche précédente et leurs paramètres sont partagés.

Une couche de convolution de type *conv* possède trois paramètres spécifiques : *sx* qui définit la taille du filtre, *filters* qui définit le nombre de filtres, et *stride* qui définit comment ils sont appliqués au volume d'entrée. Les autres paramètres sont équivalents à ceux d'une couche totalement connectée.

Le paramètre optionnel *pad* permet en outre de créer une zone de pixels d'entrées tampons initialisées à 0. Par défaut, il n'y en a pas. Si un volume d'entrée est de taille $w_1 \text{x} h_1 \text{x} d_1$, le volume de sortie de la couche de convolution sera $w_2 \text{x} h_2 \text{x} d_2$ où :

$w_2 = (w_1 - sx + pad * 2) \ / \ stride + 1$
$h_2 = (h_1 - sy + pad * 2) \ / \ stride + 1$
$d_2 = filters$

Tous les filtres sont décalés spatialement sur l'ensemble des positions (x, y) du volume d'entrée en calculant une unique carte activation en sortie. L'exemple suivant crée une convolution comprenant 8 filtres 5x5 sur les entrées :

```
{type :'conv', sx:5, filters:8, stride:1,
  activation :'relu'}
```

La ligne suivante définit une couche de convolution comprenant dix filtres avec un *padding* d'un pixel automatique :

```
{type :'conv', sx:3, pad:1, filters:10,
  stride:1, activation :'relu'}
```

L'exemple suivant calcule une sortie de 55x55x96 sur une entrée image de 227x227x3 :

```
{type :'conv', sx:11, filters:96, stride:4,
  activation :'relu'}
```

Une couche de type *pool* (*pooling*) permet de réduire la taille d'un volume par un processus de sous-échantillonnage. Si la taille du volume d'entrée est w_1xh_1xd_1, alors la taille du volume de sortie est w_2xh_2xd_2 où :

$$w_2 = (w_1 - sx + pad * 2) \ / \ stride + 1$$
$$h_2 = (h_1 - sy + pad * 2) \ / \ stride + 1$$
$$d_2 = d_1$$

Les paramètres d'une couche de *pooling* sont les mêmes que ceux d'une couche de convolution mais sans fonction d'activation. Voici un exemple de sous-échantillonnage de voisinage 2x2 sans recouvrement :

```
{type :'pool', sx:2, stride:2}
```

Une couche de type *lrn* normalise le volume d'entrée, car les couches avec des activations linéaires de type *relu* peuvent engendrer des valeurs numériques non bornées, potentiellement grandes. Cette couche utilise un algorithme de normalisation par contraste local. Voici un exemple de couche de ce type :

```
{type :'lrn', k:1, n:3, alpha:0.1, beta:0.75}
```

Les entraîneurs

Avec les classes définies précédemment, il est possible de créer toutes sortes de réseaux, des plus simples aux plus profonds, qu'ils soient classiques ou convolutifs. Voyons à présent comment les entraîner. Pour ce faire, il est nécessaire d'utiliser la classe *Trainer* fournie par la librairie.

La classe *Trainer* est appliquée sur un réseau *Net* en fonction de plusieurs paramètres que vous sélectionnez. Ensuite, vous devez lui fournir successivement les données d'apprentissage associées aux noms des catégories correctes pour les classifications ou aux valeurs cibles pour les régressions.

Le *Trainer* propage ces exemples dans le réseau, calcule les sorties, et ajuste les poids des neurones afin de converger vers les sorties désirées. Si vous effectuez ce processus un nombre de fois conséquent sur l'ensemble des données d'apprentissage, il transforme le réseau en un modèle qui associe les entrées aux sorties correctes. Toutefois, n'oublions pas pour autant les limites que nous avons évoquées à plusieurs reprises concernant la difficulté à mettre en œuvre en pratique un tel processus d'apprentissage.

Le paramètre principal d'un « entraîneur » est la méthode d'apprentissage. Les trois principales fournies par la librairie sont : *sgd*, *adagrad*, et *adadelta*.

La méthode *sgd* (*stochastique gradient descent*) correspond à l'algorithme de descente de gradient « en ligne ». La vraie valeur du gradient est approchée itérativement par le gradient d'une seule composante de la somme, c'est-à-dire d'un seul exemple à chaque étape. Plusieurs parcours de l'ensemble d'apprentissage sont nécessaires avant la convergence de la méthode. Les données sont mélangées à chaque parcours afin d'éviter les cycles, ce qui lui vaut le qualificatif de « stochastique ».

La méthode *adagrad* (*adaptive gradient algorithm*) est une variation de l'algorithme *sgd* avec une adaptation automatique du taux d'apprentissage à chaque étape en fonction de l'historique des étapes précédentes.

Comme *adagrad*, la méthode *adadelta* adapte dynamiquement le taux d'apprentissage, mais en faisant décroître exponentiellement le gradient moyen pour éviter des adaptations trop brutales.

Dans un premier temps, il est presque toujours préférable d'utiliser la méthode *adadelta* ou *adagrad*, car elles adaptent automatiquement le taux d'apprentissage, ce qui est recommandé pour un débutant.

Si vous décidez d'utilisez *sgd*, il faut fixer le paramètre *momentum* à une valeur non nulle. Le plus souvent, la valeur 0.9 est utilisée. Ce paramètre correspond à l'ajout d'un terme d'inertie (*momentum*) dans les calculs de gradient afin de faciliter la sortie des minimums locaux et poursuivre ainsi la descente de la fonction d'erreur.

Ensuite il faut jouer avec le taux d'apprentissage *learning_rate*. Si celui-ci est trop haut, au mieux le l'apprentissage ne converge pas, ou bien, au pire, il ne fonctionne pas du tout, surtout si vous choisissez des activations de type *relu*. S'il est trop bas, l'apprentissage risque d'être (trop) long.

Les entraîneurs possèdent deux autres paramètres : *l1_decay* et *l2_decay*. Si *l2_decay* est trop haut, le réseau régularisera très fortement, ce qui peut être utile si vous avez peu de données. Si vous avez une erreur très faible, vous devriez alors augmenter cette valeur légèrement de manière à favoriser la généralisation. Si l'erreur est au contraire très haute, il faut probablement réduire ce paramètre. Vous pouvez également utiliser le paramètre *l1_decay* si vous le voulez, mais dans la plupart des cas, surtout si vous ne maîtrisez pas encore toutes les subtilités de la librairie, laissez ce paramètre à 0 par défaut.

Le paramètre *batch_size* contrôle la manière dont le gradient d'erreur est calculé, puis affecté au réseau. Si vous souhaitez que le réseau utilise plutôt cent exemples dans une phase (ou batch) d'apprentissage, il sera capable d'estimer un bien meilleur gradient avant de l'appliquer. Toutefois, une valeur de 1 ou de 10 est une bonne idée pour débuter, combiné à un relativement faible taux d'apprentissage.

Voici un exemple de création d'un entraîneur utilisant la méthode *adadelta*, qui représente une solution raisonnable pour commencer lors d'une application :

```
var trainer = new convnetjs.Trainer(net,
  {method: 'adadelta', 12_decay: 0.001,
   batch_size: 10});
```

Voici un second exemple avec une utilisation plus experte des paramètres :

```
var trainer = new convnetjs.Trainer(net,
  {method: 'sgd', learning_rate : 0.01,
   12_decay : 0.001, momentum : 0.9,
   batch_size : 10, 11_decay : 0.001});
```

Un exemple simple de régression

La régression consiste à faire calculer, prédire, au réseau de neurones des valeurs numériques réelles.

Commençons par construire un réseau simple et classique composé de trois couches, tel que celui que nous avons décrit dans les premiers chapitres : une couche d'entrée, une couche cachée totalement connectée, et une couche de sortie de type régression.

```
// le tableau des couches
var layers = [];

// on crée la couche d'entrée
layers.push({type :'input',
  out_sx:1, out_sy:1, out_depth:2});

// on crée ensuite la couche cachée
layers.push({type :'fc',
  num_neurons:5, activation :'sigmoid'});

// on termine avec la couche de sortie
layers.push({type :'regression',
  num_neurons:1});

// construction du réseau
var net = new convnetjs.Net();
net.makeLayers(layers);
```

La couche d'entrée comporte deux neurones. La couche cachée comporte cinq neurones avec une fonction d'activation sigmoïde. La couche de sortie ne comporte qu'un seul neurone.

Nous créons ensuite un volume de données d'apprentissage ne comprenant ici, pour l'exemple, que deux valeurs : 0,5 et -1,3.

```
// création du volume d'entrée
var x = new convnetjs.Vol([0.5, -1.3]);
```

L'objectif est d'obtenir une sortie avec la valeur 0,7. Pour ce faire, nous créons un entraîneur pour ce mini réseau de type *sgd* avec un taux d'apprentissage de 0,01 et une seule donnée par étape :

```
// création de l'entraîneur
var trainer = new SGDTrainer(net,
  {learning_rate:0.01,
   momentum:0.0,
   batch_size:1,
   12_decay:0.001})
```

On effectue ensuite la phase d'entraînement. La valeur désirée est placée dans un tableau, car la couche de régression attend une liste de valeurs, même s'il n'y en a qu'une seule pour cet exemple.

```
trainer.train(x, [0.7]);
```

Une fois l'étape d'apprentissage effectuée, on propage les entrées afin de vérifier ce que calcule le réseau. On affiche ensuite la valeur prédite qui se trouve dans la variable *w* du volume de sortie :

```
var predicted_values = net.forward(x);
console.log(predicted_values.w[0]);
```

En pratique, le volume de sortie contient aussi le coût de la phase d'apprentissage, ainsi que le temps de propagation et de rétropropagation.

Comme une seule étape d'apprentissage n'est pas suffisante, un exemple plus réaliste d'apprentissage consiste généralement en une boucle de la forme :

```
for (var i=0; i < my_data.length; i++) {
  // crée un volume initialisé à 0
  var x = new convnetjs.Vol(1, 1, 2, 0.0);
  // ajoute les données
  x.w[0] = my_data[i][0];
  x.w[1] = my_data[i][1];
  trainer.train(x, my_values[i]);
  }
```

En pratique, la boucle d'apprentissage globale doit vérifier que le réseau converge en minimisant la valeur du coût d'apprentissage.

Un exemple simple de classification

Un réseau de neurones pour faire de la classification, autrement dit un classifieur, est très proche d'un réseau pour faire de la prédiction. La différence essentielle réside dans la couche de sortie qui calcule des probabilités d'appartenance à des classes au lieu de valeurs numériques.

Cette fois-ci nous allons créer un réseau comprenant deux couches cachées totalement connectées, en plus de la couche d'entrée et de sortie. Celle-ci sera de type *softmax* afin de calculer des probabilités.

Notre réseau comprend donc une première couche d'entrée acceptant deux valeurs, puis deux couches internes de vingt neurones totalement connectés. Leur fonction d'activation est de type *relu*. La couche de sortie est de type *softmax* pour deux classes. Voici ce que donne le code du réseau :

```
// le tableau des couches
var layers = [];

// la couche d'entrée
layers.push({type :'input',
  out_sx:1, out_sy:1, out_depth:2});

// les deux couches cachées
layers.push({type :'fc', num_neurons:20,
  activation :'relu'});

layers.push({type :'fc', num_neurons:20,
  activation :'relu'});

// la couche de sortie
layers.push({type :'softmax', num_classes:2});

// création du réseau
var net = new convnetjs.Net();
net.makeLayers(layers);
```

Comme dans l'exemple précédent, nous n'avons qu'un seul volume d'entrée avec les deux mêmes valeurs :

```
var x = new convnetjs.Vol([0.5, -1.3]);
```

Si, à ce stade, c'est-à-dire sans avoir effectué d'apprentissage, on propage les données dans le réseau, on obtient l'affichage de la valeur 0.50101 :

```
// propage les données
var prob = net.forward(x);

// affiche la probabilité pour la classe 0
console.log(prob.w[0]);
```

Cela signifie que le réseau, qui est au départ initialisé avec des poids synaptiques aléatoires, donne une probabilité d'environ 50 % pour la classe 0. Pour la classe 1, le résultat serait donc de 0.49899, soit également environ 50 %. Le réseau n'est donc pas capable de classer la donnée qu'on lui présente : il hésite !

Passons alors à la phase d'apprentissage en créant un entraîneur pour ce réseau et en lui fournissant nos données :

```
// création de l'entraîneur
var trainer = new convnetjs. Trainer(net,
    {learning_rate:0.01, 12_decay:0.001});

// une phase d'apprentissage
trainer.train(x, 0);
```

Le 0 signifie simplement que nous voulons associer les données du volume x à la classe 0. Regardons à nouveau la sortie du réseau pour vérifier que la phase d'entraînement à améliorer son comportement :

```
prob = net.forward(x);
console.log(prob.w[0]);
```

Cette fois-ci, la valeur affichée est 0.50374. Le réseau hésite encore, mais il progresse. En réitérant la phase d'entraînement un bon nombre de fois, il classera correctement les données dans la classe 0 avec une probabilité tendant vers 1.

Un exemple de réseau convolutif profond

Il est temps de passer à un exemple plus conséquent avec un réseau profond. Nous avons choisi une application de reconnaissance de chiffres manuscrits, plus imagée par définition. Cet exemple est entièrement exécutable dans un navigateur en chargeant la page suivante. Il n'y a rien besoin d'autre :

http://cs.stanford.edu/people/karpathy/convnetjs/

Cette page propose plusieurs exemples de démonstration réalisés avec la librairie *ConvNet.js*. Il suffit de cliquer sur le lien correspond au premier exemple de reconnaissance de chiffres manuscrits. Celui-ci utilise une base de données d'images MNIST, établie au départ par Yann LeCun (NYU et Facebook), Corinna Cortes (Google Labs) et Christopher J.C. Burges (Microsoft Research).

```
// le tableau des couches
var layers = [];

// la couche d'entrée
layers.push({type :'input',
  out_sx:24, out_sy:24, out_depth:1});

// une couche de convolution
layers.push({type :'conv', sx:5, filters:8,
  stride:1, pad:2, activation :'relu'});

// une couche de pooling
layers.push({type :'pool', sx:2, stride:2});

// une seconde couche de convolution
layers.push({type :'conv', sx:5, filters:16,
  stride:1, pad:2, activation :'relu'});
```

```
// une seconde couche de pooling
layers.push({type :'pool', sx:3, stride:3});

// la couche de sortie
layers.push({type :'softmax',
num_classes:10});

// création du réseau
var net = new convnetjs.Net();
net.makeLayers(layers);
```

Les images 28x28 pixels sont ramenées à 24x24 pixels. La couche d'entrée doit donc accepter des volumes de 24x24. Pour effectuer l'extraction des caractéristiques de l'image, l'architecture proposée est composée d'une succession de quatre couches internes : une couche de convolution suivie par une couche de sous-échantillonnage, puis à nouveau une couche de convolution et une couche de sous-échantillonnage. La couche de sortie est de type *softmax* pour effectuer le classement parmi dix catégories de 0 à 9.

Pour entraîner le réseau, nous choisissons la méthode *adadelta* avec des ensembles de données de vingt images à chaque étape, ce qui permet de ne pas se soucier d'autres paramètres, comme le taux d'apprentissage.

```
var trainer = new convnetjs.SGDTrainer(net,
  {method:'adadelta',
   batch_size:20,
   12_decay:0.001});
```

Sur la page web, il est possible de modifier le réseau directement sans passer par une étape de retour au code source de la page et d'expérimenter directement en visualisant l'évolution de l'apprentissage (cf. figure 61).

Figure 61. Visualisation du réseau, de la progression de l'apprentissage et des résultats sur les exemples de données.

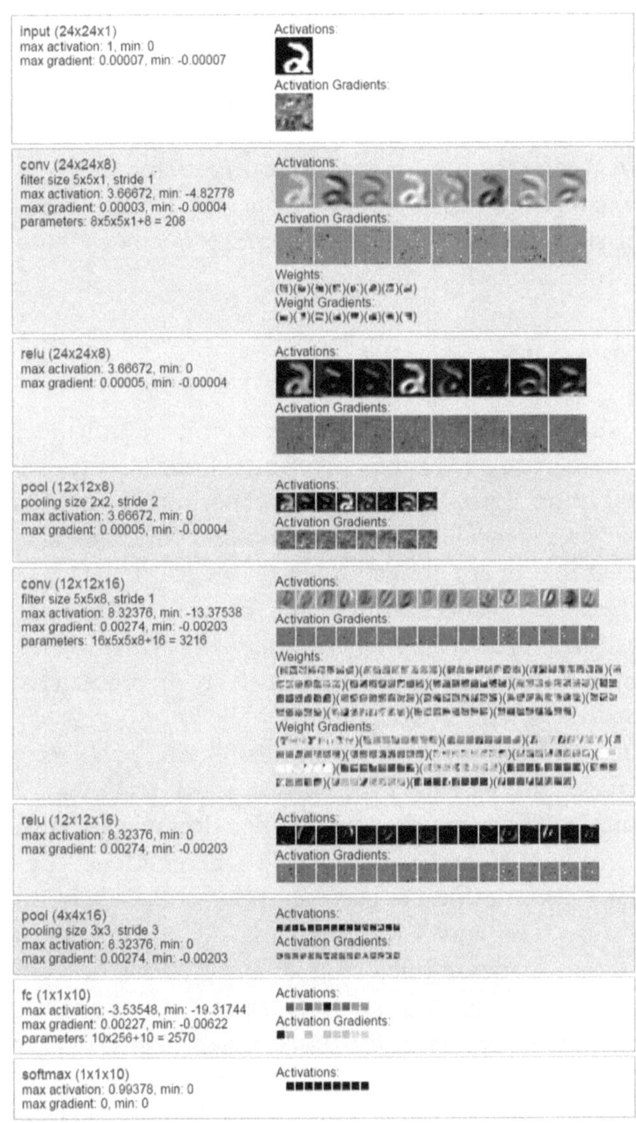

Figure 62. La visualisation de l'activité des couches du réseau.

La majeure partie de la page affiche le résultat de reconnaissance du réseau sur les exemples (cf. figure 61) et l'état des différentes couches du réseau afin de suivre son évolution (cf. figure 62).

Avec les paramètres définis précédemment, sur un ordinateur standard, on obtient un classement avec une précision de 99 % après seulement quelques minutes d'entraînement !

Pour aller plus loin

Nous arrivons à la fin de cet ouvrage d'introduction aux réseaux de neurones profonds. Pour aller plus loin, une bonne approche consiste à expérimenter la librairie *ConvNet.js* avec les autres exemples proposés par son concepteur et ses contributeurs.

Ensuite, lancez-vous et créez votre propre application de A à Z, en commençant évidemment par quelque chose de simple, puis en augmentant ensuite progressivement vos ambitions.

Quelle que soit la complexité du problème, la création du réseau reste assez simple. Vous l'avez compris, ce sont la préparation des données et, surtout, la phase d'entraînement qui demandent de la persévérance et de l'expérience pour choisir les bonnes options et les paramètres adéquats.

Il n'est pas rare que certaines applications nécessitent des heures, voire des jours d'entraînement et de mise au point. Dans ce cas, il est indispensable de sauvegarder fréquemment l'état courant d'un réseau, pour pouvoir le recharger ultérieurement. C'est également utile pour archiver les travaux, évidemment.

En pratique, pour effectuer ces tâches de sauvegarde, le plus simple est d'utiliser les fonctions

JavaScript toJSON() et *fromJSON()*. Ainsi, on transforme l'état courant du réseau en une chaîne de caractères qui peut être ensuite sauvegardée de multiples façons :

```
var json = net.toJSON();
var my_network = JSON.stringify(json);
```

Plus tard, on peut alors recharger simplement le réseau à partir de la variable créée de la manière suivante :

```
var json = JSON.parse(my_network);
var net = new convnetjs.Net();
net.fromJSON(json);
```

Pour aller encore plus loin

Après cette introduction avec la librairie *ConvNet.js*, vous pouvez également décider ensuite d'expérimenter les outils et librairies mis à dispositions par le laboratoire de recherche de Facebook : *Torch*, ou bien celui de Google : *TensorFlow*.

La majorité des travaux actuels utilise le langage *Python* plutôt que *JavaScript*. L'intérêt, outre le sentiment de jouer dans la cours des « grands », est la taille des communautés de développeurs. En effet, la majorité des chercheurs en *Machine Learning* utilise aujourd'hui ce langage. En outre, ces librairies permettent, si nécessaire, d'utiliser efficacement des GPU pour accélérer les calculs.

Toutefois, depuis l'écriture de la première version de cet ouvrage, la communauté *TensorFlow* a mis à disposition une version *JavaScript* de cet environnement incontournable :

https://js.tensorflow.org

En outre, il existe un environnement permettant de tester *TensorFlow.js* directement sans avoir besoin de développer une seule page HTML :

https://codepen.io

Le concept à la base de *TensorFlow* est le *Tensor*, une structure de données organisée sous la forme d'un tableau à plusieurs dimensions. On peut voir le *Tensor* comme une extension des matrices dont nous avons parlé ou bien d'un *Volume* utilisé dans *ConvNet.js*. Par conséquent, pas d'inquiétude, les principes mis en œuvres et la syntaxe sont proches de ceux de la librairie *ConvNet.js*. La transition ne pose donc pas de problèmes et permet ainsi de participer ainsi à la grande aventure du *Deep Learning*.

Références

Duchi, J., Hazan, E., et Singer, Y., 2011. Adaptive Subgradient Methods for Online Learning and Stochastic, *Journal of Machine Learning Research Optimization*, 12(Jul):2121–2159.

Zeiler, M.D., 2012. ADADELTA: An Adaptive Learning Rate Method, arXiv:1212.5701.

Annexe 1

```html
<html>
<head>
  <title>SimpleNet</title>
  <script>

var Input = [];
var Hidden = [];
var Output = [];
var Wh = [];
var Wo = [];
var Xh = [];
var Xo = [];

var input_data = [0, 1, 0, 1];

function reset () {
  Input = [0, 0, 0, 0];
  Hidden = [0, 0, 0, 0];
  Output = [0, 0];

  Wh = [[0.5, 0.5, 0.5, 0.5],
        [0.5, 0.5, 0.5, 0.5],
        [0.5, 0.5, 0.5, 0.5],
        [0.5, 0.5, 0.5, 0.5]];
  Wo = [[0.5, 0.5, 0.5, 0.5],
     [0.5, 0.5, 0.5, 0.5]];
  }

function sigmoid (x) {
  return 1 / (1 + Math.pow(Math.E, (-1 * x)));
  }

function propagate (d) {
  // write data into input layer
  for (var i = 0; i < Input.length; i++) {
    Input[i] = d[i];
    }
```

```javascript
    // propagate hidden layer
    Xh = [0, 0, 0, 0];
    for (var j = 0; j < Hidden.length; j++) {
      for (var i = 0; i < Input.length; i++) {
        Xh[j] += Wh[j][i] * Input[i];
        }
      }

    // apply sigmoid function
    for (var j = 0; j < Hidden.length; j++) {
      Hidden[j] = sigmoid(Xh[j]);
      }

    // propagate output layer
    Xo = [0, 0];
    for (var k = 0; k < Output.length; k++) {
      for (var j = 0; j < Hidden.length; j++) {
        Xo[k] += Wo[k][j] * Hidden[j];
        }
      }

    // apply sigmoid function
    for (var k = 0; k < Output.length; k++) {
      Output[k] = sigmoid(Xo[k]);
      }
    }

function display () {
  document.getElementById('out0').innerHTML =
    Output[0];
  document.getElementById('out1').innerHTML =
    Output[1];
    }

  </script>
</head>
<body>
  <table>
    <tr>
      <td>Output 0: </td>
      <td id="out0">0.0</td>
    </tr>
    <tr>
      <td>Output 1: </td>
      <td id="out1">0.0</td>
```

```html
      </tr>
   </table>
   <table>
     <tr>
       <td>
         <input type="button" value="Reset"
           onclick="reset();">
       </td>
       <td>
         <input type="button" value="Propagate"
           onclick="propagate(input_data);
           display();">
       </td>
     </tr>
   </table>
</body>
</html>
```

Annexe 2

```html
<html>
<head>
  <title>SimpleNet</title>
  <script>

var Input = [];
var Hidden = [];
var Output = [];
var Wh = [];
var Wo = [];

var alpha = 0.5;
var Target = [0, 0];

function reset () {
  Input = [0, 0, 0, 0];
  Hidden = [0, 0, 0, 0];
  Output = [0, 0];

  Wh = [[0.5, 0.5, 0.5, 0.5],
        [0.5, 0.5, 0.5, 0.5],
        [0.5, 0.5, 0.5, 0.5],
        [0.5, 0.5, 0.5, 0.5]];
  Wo = [[0.5, 0.5, 0.5, 0.5],
        [0.5, 0.5, 0.5, 0.5]];
  }

function sigmoid (x) {
  return 1 / (1 + Math.pow(Math.E, (-1 * x)));
  }

function propagate () {
  // write data into input layer
  Input[0] = parseInt(document.
    getElementById('input0').value);
  Input[1] = parseInt(document.
    getElementById('input1').value);
  Input[2] = parseInt(document.
```

```javascript
    getElementById('input2').value);
  Input[3] = parseInt(document.
    getElementById('input3').value);

  // propagate hidden layer
  var Xh = [0, 0, 0, 0];
  for (var j = 0; j < Hidden.length; j++) {
    for (var i = 0; i < Input.length; i++) {
      Xh[j] += Wh[j][i] * Input[i];
      }
    }

  // apply sigmoid function
  for (var j = 0; j < Hidden.length; j++) {
    Hidden[j] = sigmoid(Xh[j]);
    }

  // propagate output layer
  var Xo = [0, 0];
  for (var k = 0; k < Output.length; k++) {
    for (var j = 0; j < Hidden.length; j++) {
      Xo[k] += Wo[k][j] * Hidden[j];
      }
    }

  // apply sigmoid function
  for (var k = 0; k < Output.length; k++) {
    Output[k] = sigmoid(Xo[k]);
    }
  }

var Err = [];

function learn () {
  // write target data
  Target[0] = parseInt(document.
    getElementById('target0').value);
  Target[1] = parseInt(document.
    getElementById('target1').value);

  // compute error
  for (var k = 0; k < Output.length; k++) {
    Err[k] = Target[k] - Output[k];
    }
```

```javascript
// compute delta weights for output layer
var Wog = [[0, 0, 0, 0], [0, 0, 0, 0]] ;

for (var k = 0; k < Output.length; k++) {
    for (var j = 0; j < Hidden.length; j++) {
      Wog[k][j] = - Err[k] * Output[k] *
        (1 - Output[k]) * Hidden[j];
      }
    }

    // compute delta weights for hidden layer
    var Whg = [[0, 0, 0, 0], [0, 0, 0, 0],
               [0, 0, 0, 0], [0, 0, 0, 0]];

for (var j = 0; j < Hidden.length; j++) {
    for (var i = 0; i < Input.length; i++) {
      var e = 0;
      for (var k = 0; k < Output.length; k++) {
        e += Wo[k][j] * Err[k];
        }
        Whg[j][i] = -e * Hidden[j] *
          (1 - Hidden[j]) * Input[i];
      }
    }

    // update weights output layer to hidden layer
    for (var k = 0; k < Output.length; k++) {
      for (var j = 0; j < Hidden.length; j++) {
      Wo[k][j] -= alpha * Wog[k][j];
      }
    }

    // update weights hidden layer to input layer
    for (var j = 0; j < Hidden.length; j++) {
      for (var i = 0; i < Input.length; i++) {
      Wh[j][i] -= alpha * Whg[j][i];
      }
    }
}

function display () {
  document.getElementById('out0').innerHTML =
    Output[0];
  document.getElementById('Err0').innerHTML =
    Target[0] - Output[0];
```

```html
    document.getElementById('out1').innerHTML =
      Output[1];
    document.getElementById('Err1').innerHTML =
      Target[1] - Output[1];
  }

  </script>
</head>
<body>
  <table>
    <tr>
      <td>Output 0 : </td>
      <td id="out0">0.0</td>
      <td>Error 0 : </td>
      <td id="Err0">0.0</td>
    </tr>
    <tr>
      <td>Output 1 : </td>
      <td id="out1">0.0</td>
      <td>Error 1 : </td>
      <td id="Err1">0.0</td>
    </tr>
  </table>
  <br />
  Input Data:
  <table border="1">
    <tr>
      <td>
        <input type="text" id="input0" value="0"
          size="1">
      </td>
      <td>
        <input type="text" id="input1" value="0"
          size="1">
      </td>
      <td>
        <input type="text" id="input2" value="0"
          size="1">
      </td>
      <td>
        <input type="text" id="input3" value="0"
          size="1">
      </td>
    </tr>
  </table>
```

```html
    <br />
    Target Data :
    <table border="1">
      <tr>
        <td>
          <input type="text" id="target0"
            value="0" size="1">
        </td>
        <td>
          <input type="text" id="target1"
            value="0" size="1">
        </td>
      </tr>
    </table>
    <br />
    <table>
      <tr>
        <td>
          <input type="button" value="Reset"
            onclick="reset();">
        </td>
        <td>
          <input type="button" value="Learn"
            onclick="learn();">
        </td>
        <td>
          <input type="button" value="Propagate"
            onclick="propagate();
            display();">
        </td>
      </tr>
    </table>
</body>
</html>
```

Du même auteur :

Les 3 lois de la robotique (2013)

Immortalité numérique (2014)

Les robots dans Star Wars (2015)

Intelligence Artificielle : manuel de survie (2017)

L'Art des Chatbots (2018)

Retrouvez l'auteur sur :

www.facebook.com/jcheudin

twitter.com/jcheudin

jcheudin.blogspot.com

www.science-ebook.com

© Science-eBook, Octobre 2016
Seconde édition : Décembre 2016
Troisième édition : Décembre 2018
http://www.science-ebook.com
ISBN 979-10-91245-44-9
Printed by CreateSpace

www.ingramcontent.com/pod-product-compliance
Lightning Source LLC
Chambersburg PA
CBHW031305160726
47993CB00001B/309